당신의 판결은

ANATA GA SABAKU! [TSUMI TO BATSU] KARA 「1Q84」 MADE
by Hono Mori, Copyright © Hono Mori, 2010
All rights reserved.
Original Japanese edition published by Nikkei Publishing Inc.
Korean translation rights arranged with Nikkei Publishing Inc.
through Timo Associates Inc., Japan and PLS Agency, Seoul
Korean translation edition © 2011 by Words & Book Publishing Co. Seoul

〈죄와 벌〉에서 〈1Q84〉까지 명작으로 보는 재판

당신의
판결은

모리 호노오 지음 · 조마리아 옮김

말·글빛냄

서 문

일본에서는 2009년부터 일반 시민들이 형사재판에 참여할 수 있는 배심원 제도(국민참여재판)가 도입되었다. 배심원으로 법원을 찾는 시민의 숫자는 연간 30만 명을 넘고 있다. 해마다 가을이면 이만큼의 사람들에게 배심원으로 선발되었다는 통지서를 발송한다. 이제 일본에서도 배심원 재판 시대가 열린 것이다.

배심원 후보자로 통지를 받은 사람은 어떻게 할까? 호출을 받은 날 법원에 나가면 오전 중에 배심원을 결정하는 절차가 진행된다. 그리고 오후가 되면 첫 번째 재판에 참여한다. 배심원으로 뽑혀 법원에 나오자마자 법정의 단상에 앉게 되는 것이다. 즉, 배심원

제도는 통지를 받은 시민은 누구든 재판에 참여시킬 작정으로 출두시키고 하고 있다. '뽑히고 난 뒤에 생각하지 뭐'라며 가볍게 넘길 일이 아니다.

제도의 장단점은 제쳐두고, 시민들은 재판에 앞서 미리 지식을 쌓아두어야 한다. 이제 일본은 '판사 1억 명' 시대에 접어들었다. 이 책은 이런 시대에 일반인들이 가볍게 읽을 수 있을 뿐 아니라, 형사재판의 큰 맥락을 이해할 수 있도록 만들었다. 명작 문학, 명작 영화를 소재로 로맨틱하고 재미있게, 때로는 스릴 있게, 때로는 시니컬하게 형사재판에 대한 이해를 도우려고 한다. 마치 명작 문학을 읽거나 명작 영화를 보는 듯한 느낌으로, 형사재판의 요점을 알아갈 수 있다는 데 이 책의 가장 큰 특징이 있다.

형사재판은 아무래도 무겁고 어두운 이미지를 연상하기 쉽다. 하지만 이 책은 음악으로 말하면 가볍게 들을 수 있는 '이지 리스닝'이라고 할 수 있다. 다시 말해, 가벼운 마음으로 책을 읽을 수 있게 했다. 회사원이라면 퇴근길 지하철 안에서, 가정주부라면 집안일을 마친 후 휴식시간에 차 한 잔을 곁들이며 읽을 수 있다. 또한 다 읽고 난 후에는 친한 사람들과 화젯거리로도 활용할 수 있는 책이라고 하겠다.

따라서 가벼운 마음으로 손에 들어보길 바란다. 다 읽고 나면 형사재판의 대강을 이해할 수 있을 것이다.

2010년 10월
모리 호노오

서문

차례

Part 01

살의에 사로잡힌 '마(魔)의 순간'

1. 〈웨스트사이드 스토리〉 로버트 와이즈
살인사건의 표준은 충동적 살인

살인죄의 기본은 〈웨스트사이드 스토리〉 안에 있다

〈웨스트사이드 스토리〉는 뮤지컬 영화의 걸작이자 불멸의 작품이다. 그런데 멋진 노래나 춤을 제외하고 줄거리만 본다면 상당히 단순하다. 유치하다고 말하는 사람도 있을 정도이다.

뉴욕 다운타운에서 '제트파'과 '샤크파'라는 두 불량 집단이 대립하는 것으로 이야기는 시작된다. 제트파의 젊은이(주인공)와 샤크파 리더의 여동생(여주인공)이 사랑에 빠지게 되고, 그런 가운데 제트파의 젊은이가 목숨을 잃게 된다. 주인공이 목숨을 잃게 되는 이유도 허무할 정도로 단순하다.

두 불량 그룹은 뉴욕의 서민가인 웨스트사이드에서 대립한다.

크고 작은 다툼을 반복하다 급기야 두 집단의 리더가 고속도로 아래에서 결투를 벌이게 된다. 그리고 샤크파의 리더가 제트파의 리더를 칼로 찔러 죽이며 승리를 거둔다. 하지만 눈앞에서 자기 집단의 리더가 칼에 찔려 죽는 모습을 본 주인공이 흥분하여 이성을 잃고 라이벌인 샤크파의 리더를 찌르고 만다. 주인공이 정신을 차렸을 때, 연인의 오빠이자 샤크파의 리더는 이미 죽어 있었다.

이를 알게 된 여주인공은 비탄에 빠져 오빠를 죽인 연인을 원망한다. 하지만 사랑의 감정도 버릴 수는 없었다. 그러자 이번에는 여주인공에게 호감을 갖고 있던 샤크파의 한 젊은이가 여주인공이 처한 상황과, 자신의 리더가 살해당했다는 사실에 분노한다. 그리고 주인공을 총으로 쏴 죽임으로써 복수를 한다. 결국 주인공은 죽고 두 사람의 사랑도 비극으로 끝난다.

제트파와 샤크파 모두 금세 흥분해 칼로 찌르고 총을 난사하는 등 너무 쉽게 살인을 저지르는 것 같다. 여기서 구태여 〈웨스트사이드 스토리〉를 꺼낸 이유는 이것이 바로 형사재판에서 상정하고 있는 '보통 살인'이기 때문이다.

실제 형사재판에서는 각 살인사건의 형기를 숫자로 정할 필요가 생긴다. '징역 몇 년'과 같은 판결을 내리기 위해 우선 그런 숫자를 정할 규정이 필요하게 된다. 그래서 기준으로 삼을 수 있는 살인사건과 징역 연수를 정해두어야만 한다. 〈웨스트사이드 스토리〉에 나오는 살인은 우연히도 그 기준에 해당된다.

살인에도 '상' '중' 같은 수준이 있다고?!
'보통 살인'이란 무엇인가?

'보통 살인'이라는 말에 대해 어떻게 생각하는가. 이 말을 들으면 '살인에는 보통이나 아무것도 없는 게 아닌가' '살인은 전부 보통이 아니잖은가'라고 생각하는 사람이 있을 것이다. 물론 상식적으로나 논리적으로 그렇다고 할 수 있다. 살인에 '중'이나 '상' 혹은 '특상'이 있는 것은 아니다. 또 살인사건에 절대적인 의미의 표준이나 기준이 있다고 할 수도 없다.

하지만 형벌의 무게를 결정하려면 상대적으로 딱 중간이라고 할 수 있는 기준이 있어야 한다. 그렇지 않으면 필요한 숫자(징역 몇 년)를 정할 수 없다. 숫자도 중요하지만 그것보다 더 중요한 것이 있다. 시민이 배심원으로 재판에 참가해 열심히 논의했음에도 불구하고 그 열의 자체가 헛되이 날아가 버릴 수도 있다.

한 예를 들어보자. 몇 년 전 수도권의 한 전철역에서 플랫폼에서 뛰어내려 자살하려던 여성이 있었다. 그런데 막상 열차가 들어오는 순간 공포를 느껴 자신이 뛰어내리는 대신 옆에 있던 사람을 밀어 떨어뜨려 죽게 한 사건이 있었다.

배심원 A는 '이는 있을 수 없는 일이다!'라며, 형벌을 무겁게 내려야 한다고 주장했고, 배심원 B는 '순간적으로 마가 낀 것이 아닐까?'라며, 가볍게 처벌해야 한다고 주장해 팽팽한 논의가 이루어졌다. 결국 두 쪽 다 주장을 굽히지 않아 다수결로 결론을 내리게 되었다. 결론을 밝히는 순간, A는 표준이 되는 살인에 대한 형벌을 10년 정도라고 생각했기에 그보다 높은 '징역 12년!'이라고 외쳤고, B는 표준이 되는 살인에 대한 형벌을 15년 정도라고 생각해 그보다 낮은 '징역 13년!'이라고 외쳤다고 한다. 이렇게 사건이나 형벌에 대한 기준이 명확하지 않을 경우 이처럼 웃으려야 웃을 수 없는 사태가 일어날 수도 있다. 이렇게 서로 다른 기준을 가지고 있어서는 도저히 결말이 나지 않는다. 팽팽히 맞서며 서로 한 발짝도 물러서지 않던 열띤 논의에 찬물을 끼얹는 상황이 되어버렸다. 열띤 논쟁이 한순간에 식어버렸고 재판도 엉망진창이 되고 말았다. 이런 상황을 피하기 위해서는 옳고 그름을 떠나 표준으로 삼을 수 있는 사건과, 그에 상응하는 형벌의 햇수를 미리 정해둬야 한다.

지금까지 일본에서 일어난 살인사건의 판결을 훑어보면 자료상으로 중간 정도의 형벌을 받은 사건을 찾아낼 수 있다. 중간 정도의 사건과 그에 대한 처벌 정도에 대한 특징을 잘 파악한다면, 각 사건에 대해 판결을 내리는데 도움이 될 것이다. 이른바 기준이 되는 '보통 살인'을 살펴보자는 것이다.

그렇다면 기술적 의미에서 '보통 살인'의 본질은 어떤 것일까. 다음과 같은 경우를 예로 들 수 있겠다.

① 살해된 피해자가 한 명이고,

② 충동적, 우발적으로 일어난 살인으로

③ 확실한 살의를 갖고 행위가 이뤄졌으며,

④ 피해자에게 잘못이 없고,

⑤ 피고인에게 이렇다 할 전과가 없다.

이상의 사항에 모두 해당되면 보통 징역 13~14년 형에 처해진다. 〈웨스트사이드 스토리〉에 나오는 주인공의 살인은 이 같은 표준 요소에 거의 들어맞는다. 자신의 리더가 찔린 것을 눈앞에서 본 주인공이 흥분하여 라이벌인 샤크파의 리더를 찔러 죽인 행위는 순간적으로 흥분해서 충동적으로 일으킨 일이다. 하지만 그 순간에는 확실한 살의를 갖고 있었다. 따라서 이 사건은 징역 13~14년에 해당한다고 볼 수 있다.

그 뒤에 샤크파의 한 젊은이가 주인공을 총으로 쏴 죽인 살인도 비슷한 경우라고 할 수 있다. 총을 꺼낼 여유는 있었다고 해도 넓은 의미로 봤을 때 충동에 의한 범죄라고 할 수 있다. 총기를 이용한 점에서 징역 13~14년보다는 무겁겠지만 큰 차이는 없다.

피해자의 잘못은?

그렇다면 샤크파의 리더가 제트파의 리더를 찔러 죽인 최초의 살인 행위는 어떨까? 이 살인만큼은 다른 살인보다 형벌이 가볍다. 왜냐하면 피해자와 가해자가 서로 싸우던 중 일어난 살인이기 때문이다. 즉, 피해자에게도 잘못이 있기 때문이다. 이것은 앞의 요소 ④(피해자에게 잘못이 없는 경우)와 관계가 있다.

다른 요소(①~③, ⑤)는 기준이 되는 사건과 같으므로 결국 모델 케이스인 징역 13~14년보다는 3~4년 정도 가벼운 형에 처해지게 될 것이다.

그렇다면 '피해자의 잘못'이란 어떤 경우에 인정되는 것인지 알아보자. '잘못'이라고는 해도 넓은 의미로 일상생활에서의 비행이나 바람직하지 못한 태도를 지칭하는 것은 아니다. 여기서 핵심은 피해자의 잘못을 파헤치는 것이 아니라, 살해라는 결과에 이르게 된 객관적인 상황이라고 할 수 있다.

전형적으로 다음과 같은 예를 들 수 있다. 협박을 당하던 쪽이 거꾸로 상대방을 살해한다든가, 평소 가정폭력에 시달리던 여성이 가해자를 살해한다든가, 가정폭력을 견디지 못한 아버지나 어머니가 친자식을 해친다든가 하는 경우이다.

'범행 계획성'의 중요성

형사재판에서 말하는 '보통 살인'의 첫 번째 특징은 알다시피 충동적인 살인이라는 점이다. 이에 반해 계획적인 살인은 당연히 죄질이 나빠 형벌이 무거워진다. 재판 보도기사를 보면 '범행의 계획성'이라는 말이 자주 등장하는데 살인사건의 경중을 결정하는 과정에서 '계획성'이 중시되는 것은 그 때문이다.

참고로 앞서 언급한 전철역에서 자기 대신 옆 사람을 밀친 사건은 자살의도가 순간적으로 살인으로 바뀐 특수한 사건이었으나, 충동적 살인이었다는 점은 확실하다. 이 사건은 그 외의 '보통 살인'의 요소를 모두 충족시키고 있다. (열차가 들어올 때 밀어버린 것 = ③ 확실한 살의를 가짐, ④ 피해자에게 잘못이 없음, ⑤ 피고인에게 전과 없음) 피고인이 아무런 관계도 없는 무고한 타인을 살해했다고는 하지만 순간적으로 마가 껴 저지른 일이었기 때문에 너무 무거운 형벌을 줄 수도, 너무 가벼운 형벌을 줄 수도 없는 일이었다. 결국 이 사건의 실제 판결은 징역 12년으로 결정되었다. 기준이 되는 살인사건의 형벌보다 조금 가벼워진 이유는, 이 사건의 경우 '보통 살인'의 요건에는 모두 해당되지만, 피고인이 노이로제 상태에서 치료를 받고 있었던 점이 고려되었기 때문이다.

검찰의 블루스 '죽어도 당신을 용서하지 않을 거야'

〈웨스트사이드 스토리〉로 돌아가보자.

앞서 주인공 및 주인공을 공격한 샤크파의 젊은이, 그리고 샤크파 리더의 범행에 대해 살펴보았다. 그런데 살인을 저지른 세 명

중 두 명이 이미 죽었기 때문에 죽은 사람에 대한 판결은 무의미하다고 생각하는 사람이 있을 것이다. 하지만 그것은 잘못된 생각이다. 수사 당국은 죄를 저지른 사람이 사망했다고 해서 그것을 없었던 일로 처리할 수는 없다. 설사 범인이 사망했다 하더라도 통상적으로는 '피의자 사망'이라는 형태로 입건되어 검찰로 넘어간다.

물론 그 후 재판은 열리지 않는다. 죽은 사람을 재판에 회부하는 것은 무의미하므로 검찰에 넘어가는 선에서 사건은 종결된다. (검찰에서 '피의자 사망에 의한 소송조건 결여'라는 명목으로 최종 처분이 내려지면서 사건은 종결된다.)

피고인이 이미 사망했다 하더라도 수사 당국이 처분을 내릴 수밖에 없는 이유가 있다. 이는 서훈(敍勳)과 같은 국가에서 수여한 훈장 수상 자격과 관련이 있다. 중대 범죄를 저지른 자(중대한 범죄를 저지른 후 사망한 자)는 훈장 수상 대상에서 제외되는 것이다.

다시 말해 처분을 내림으로써 죽은 자를 비난하기도 하지만 훈장 수상 대상에서도 제외시키기 위해서이다.

2. 〈젊은이의 양지〉 조지 스티븐스
호수 위 보트 전복 살인은 무죄인가 사형인가?

모델이 된 실제 사건

　조지 스티븐스 감독의 작품인 〈젊은이의 양지〉는 고전적인 미남 배우인 몽고메리 클리프트와 세기의 흑발미녀 엘리자베스 테일러가 주연으로 출연한 흥미로운 할리우드 영화이다.

　이 영화의 원작은 시어도어 드라이저의 대표작 〈아메리카의 비극〉이다. 이 소설은 1906년 뉴욕에서 일어난 실제 살인사건이 중심 내용이다. 한 가난한 젊은이가 보트 전복사건을 위장해 여자친구를 호수에서 익사시켜 사형선고를 받은 사건이었다. 드라이저는 이 사건을 토대로 20년에 걸쳐 대하장편소설 〈아메리카의 비극〉을 완성시켰다. 대략적인 줄거리를 영화를 통해 살펴보자.

주인공은 도시의 한 공장에서 일하는 시골 출신의 젊은이다. 그는 같은 공장에서 일하는 가난한 여자 친구와 사귀고 있었다. 둘은 가난하지만 그들 나름대로 행복한 삶을 보내고 있었다. 그러던 중 주인공은 우연한 계기로 한 부호의 딸을 알게 되는데 그녀의 뛰어난 아름다움에 사로잡히고 만다. 또한 화려한 부유층의 세계를 조금씩 접하게 되면서 점차 그 세계를 동경하기 시작한다. 그는 점점 자신과 여자 친구의 관계가 보잘것없고 하찮아 보이기 시작한다. 그러는 가운데 부호의 딸도 젊은이의 순수한 면에 이끌려 점차 호의를 보이기 시작한다. 그때까지 꿈도 꿀 수 없던 세상이 눈앞에서 펼쳐지려고 하자 가난한 여자 친구의 존재가 점차 짐처럼 느껴지기 시작한다. 그런데 여자 친구는 임신을 하게 되고, 주인공은 그 사실을 알자 더더욱 여자 친구와의 관계를 청산하고 싶어진다. 젊은이는 화려하고 아름다운 부호의 딸과 착하고 소박한 여자 친구와의 사이에서 심한 갈등을 한다. 그러다 결국 임신한 여자 친구를 호수에서 익사하게 하고 상류사회에 발을 들여놓기로 결심한다.

그날, 두 사람을 태운 보트가 호수에서 전복되는데 주인공은 혼자 물가로 헤엄쳐 나와 살아남았고, 수영을 하지 못하는 여자 친구는 물에 빠져 죽고 만다. 후에 살인죄로 기소된 주인공은 재판에서 우연한 사고였다고 주장한다. 하지만 인정받지 못하고 배심원이 유죄 판결을 내리며 사형선고를 받게 된다. 주인공이 사형

집행장을 향해 걸어가며 이 영화는 막을 내린다.

실제 사건도 영화와 거의 같은 내용이다. 그렇다면 이 사건을 정말 살인사건으로 봐도 좋을까?

실제로 구별하기 어려운 보트 전복사고와 살인

우리들의 일상생활에서 보면 평범한 사고와 살인이 명확히 구별되지 않는 특별한 경우가 있다. 예를 들어 교통사고로 위장한 살인사건을 들 수 있다. 일부러 사고를 내 동승자를 사망에 이르게 한 경우가 그것이다. 이런 경우는 살인을 입증하기가 상당히 어렵다. 왜냐하면 교통사고는 흔히 일어나는 사건이다. 따라서 통상적인 사고라고 주장하면 그 주장을 깨고 살인을 입증하기가 쉽지 않다. 즉, 평범한 사고 속에 감춰진 살인사건이라고 할 수 있다.

보트 전복 익사 살인도 그런 사건 중의 하나이다. 영화 〈젊은이의 양지〉와 같은 경우, 우연한 사고인지 살인인지를 구별하고 입증할 수 있느냐가 큰 문제가 된다. 이 사건에서 주인공은 보트 전복이 우연히 일어난 사고였다고 주장하지만은 않았다. 재판에서 주인공은 자신이 보트를 전복시킨 게 아니라, 여자 친구가 보트에서 일어섰기 때문에 전복되었다고 주장한다. 즉, 죽일 의도로 여자 친구를 보트에 태운 것은 인정했으나, 자신이 범행을 실행에 옮기기 전에 먼저 사고가 일어났다고 주장한 것이다. 그 내용은 다음과 같다.

　'솔직히 여자 친구를 죽일 목적으로 보트에 태운 것은 사실이다. 그래서 보트가 전복된 후 도와달라는 여자 친구를 그대로 두고 도망쳤다. 그리고 나만 혼자 물가로 헤엄쳐 나와 살 수 있었다. 하지만 보트가 전복된 것은 내 탓이 아니다. 죽일지 말지 고민하고 있었는데, 수영을 하지 못하는 여자 친구가 갑자기 일어나자 보트가 흔들려 뒤집힌 것이다.'

　이것은 실로 미묘해서 사람을 나쁘게 보고 말하면 교묘한 변명이다. 이 이야기를 듣고 보면 보트를 탈 때 보트 대여소의 관리인에게 가명을 쓰는 등, 그 동안의 수상쩍은 행동들이 모두 설명된다. 피고인은 살의가 전혀 없었다든지 나들이를 갔다가 우연히 일어난 전복사고였다고 주장하지는 않았다. 도중까지 살해할 생각이었다고 솔직히 말하고 있기 때문에 판결하는 쪽은 골치가 아파진다. 피고인에게 동기가 있었지만 실제로 범행을 저지른 것은 아니다. 도중까지만 그런 생각을 갖고 있었다고 주장하는 것이다. 이런 그의 주장은 그간의 미심쩍던 행동들에 대한 이유가 되므로 수상한 행동들이 사실은 당연한 행위였다는 것을 말해준다. 결국 이렇게 상황은 복잡해졌고, 그가 직접 살인을 했는지 의심할 만한 증거는 어디에 있는지 의문이 들 수밖에 없다.

검찰과 변호사 중 어느 쪽이 옳은가는 중요하지 않다

영화 〈젊은이의 양지〉에서 가장 중요한 장면은 이렇게 그려져 있다.

주인공인 젊은이는 수영을 못하는 여자 친구를 보트에 태워 아무도 없는 호수 한가운데로 데려간다. 깊은 물과 저물어가는 태양이 보인다. 그러나 막상 '여기서 보트가 전복되면 여자 친구는 틀림없이 익사하겠지'라고 생각하니 선뜻 몸이 움직여지지 않는다. 땀이 흐른다. 여자 친구에 대한 애정은 이미 사라졌지만 도저히 죽일 결심이 서지 않는다. 주인공은 여자 친구의 눈을 마주치지 못한 채 고개를 떨군다. 그때 그런 그의 모습에 불안해진 여자 친구가 갑자기 보트에서 일어서면서 보트가 뒤집힌다. 물에 빠진 여자 친구는 비명을 지르며 물속에 잠긴다. 이 사건은 우연한 사고가 살인으로 바뀐 비극이라 할 수 있다.

하지만 이렇게도 생각할 수 있다.

젊은이는 호수 한가운데로 여자 친구를 데려가 주위에 보트나 인기척이 없는지를 확인한다. 자신들뿐이라는 것을 확인하자마자 느닷없이 여자 친구를 밀치고는 재빨리 보트 구석에 체중을 실어 선체를 뒤집는다. 물속에서 필사적으로 도움을 요청하는 여자 친구를 뿌리치고 자신만 헤엄쳐 나온다. 물가에 도착한 뒤 여자 친구가 빠진 호수 주변을 확인하고 안심한다. 그리고 재판에서는 언제 그랬냐는 듯이 '이것은 우연한 사고이다'라고 주장한다. 하지만 우연한 사고라고 주장하기에는 미심쩍은 상황들 때문에 쉽게 빠져나가기 힘들 것 같아서, '반 정도는 우연한 사고이다'라고 주장한다.

실제로는 무엇이 진실인지 알 수 없다. 주인공이 죽여 놓고 시치미를 떼고 있는 것인지도 모른다. 하지만 영화에서 그려진 것처럼 진짜 사고일 가능성이 있는 이상 쉽게 살인이라고 단정할 수는 없다. 우연한 사고가 아닌 살인이라고 단정하기 위해서는 증거가 필요한데, 바로 그 중요한 증거가 없었기 때문이다.

이는 형사재판의 근본적인 모습과 관계가 있다. 원래 형사재판에서는 검찰과 변호사 중에서 어느 쪽이 도덕적으로 더 올바른지를 판단하는 것이 아니다. 형사재판에서는 검찰 측의 입증이 충분한지 아닌지를 판단한다. 쉽게 말해 '의심만 갖고 처벌하지는 않는다'는 명제를 근거로 해서 범죄를 입증하지 못하면 처벌할 수 없는 것이 형사재판의 근본적인 발상이다.

하지만 증거만으로 반드시 사건의 진상을 알 수 있는 것도 아니다. 이 보트 전복 익사사건을 보면, 피고인의 변명이 얼마나 교묘하고 비열한지 느낄 수 있지만, 그것만으로 검찰 측 검증의 완성도가 높아지는 것은 아니다. 사건의 진상은 사고 후 주인공의 태도를 보면 알 수 있지 않느냐고 생각하는 사람도 있을 것이다. 하지만 그것이 살인사건을 입증하는지는 전혀 다른 문제이다.

보트 전복 익사사건은 무죄로 끝나나?

이렇게 되면 이대로 무죄가 되어도 괜찮은지 의문을 갖는 사람도 있을 것이다. 그래서 이 경우 주인공의 행동을 처음부터 다시 한 번 살펴보며, 그것이 죄가 되는지 되지 않는지 살펴보자.

주인공은 죽일 작정으로 수영을 못하는 여자 친구를 보트에 태웠다. 아직 살인을 저지르지는 않았으나 이것은 살인을 위한 예비 단계로 볼 수 있다. 즉, 살인 예비행위인 것이다. 선착장에서 보트에 태우는 것 자체는 살인의 예비행위라고 하기에는 무리가 따른다. 하지만 익사시킬 목적으로 수영을 못하는 여자 친구를 보트에 태워 호수 한가운데를 향해 노를 젓기 시작한 시점부터는 틀림없는 살인 예비행위라고 볼 수 있다. 이는 결국 살인 예비죄에 해당한다. 보트가 전복된 후 여자 친구를 구하지 않고 도망친 행위는 어떨까? 기본적으로 혼자서 헤엄쳐 도망치는 것은 범죄는 아니지만, 상대를 충분히 구할 수 있는 상황이었다면 유기죄(내버려두거나 버리고 가는 행위)가 될 가능성이 있다. 수영하지 못하는 사람을 보호해야 함에도 불구하고, 호수 한가운데에 내버려두었다는 것은 보호책임자 유기죄에 해당될 여지도 있다. 이 경우 여자 친구가 사망에 이르렀으므로 보호책임자 유기치사죄에 해당한다. 살인 예비죄나 보호책임자 유기치사죄는 살인죄에 비하면 형벌은 훨씬 가볍지만 징역형에 처해질 수 있다.

출세를 위해 거추장스러워진 여자를 죽였다면 사형일까?

영화에는 확실히 나오지 않았지만, 실제 사건에서는 빠져 죽은 피해자의 얼굴에 흉기로 맞은 흔적이 있어서 이것이 하나의 쟁점이 되었다. 이 점이 배심원의 판단에 크게 영향을 미쳤고, 피고인이 살인죄를 선고받는 데 한 몫을 했다. 변호사 측은 이 점에 관해 보트가 전복될 때 피해자가 보트 가장자리에 얼굴을 부딪친 것이라고 주장했다. 앞서 말한 형사재판의 기본적인 모습에서 알 수 있듯이, 이런 상처의 흔적을 살인의 증거로 볼 수는 있지만, 단지 그것만으로 '피고인이 피해자를 때려 보트를 전복시켰다'고 입증하기에는 불충분하다. 그렇다면 여기서 만약 유죄가 될 경우, 주인공이 사형에 처해지는 것이 타당한지 살펴보자.

출세를 위해 임신한 여자 친구를 호수에서 익사시키려고 한 행동은 충분히 비난받아 마땅하다. 하지만 흉악하다든가 상식에서 어긋난다고 말하기는 어렵다. 사람은 누구나 사회적으로 높은 지위를 갖거나 윤택한 삶을 살기를 희망한다. 그런 이유로 사귀던 여자 친구를 버리는 일은 실제 생활에서 종종 일어나는 일이다. 물론 그 목적을 위해 살해라는 수단을 선택한 것은 비정상적이며 충분히 비난받아야 한다. 하지만 바꿔 말하면 살인이라는 행위 자체가 문제이지 출세를 위해 여자 친구를 버리는 행위 자체는 나쁘다고만은 할 수 없다. 영화 〈젊은이의 양지〉에서 가난한 주인공은 상류사회를 동경하고 부러워한다. 그러다보니 욕심이 생겨 범행을 저지른 것인데, 이것을 '인간으로서 있을 수 없는 일'이라고 비난하는 것은 지나치게 보인다. 같은 인간이라면 사실 어느 정도 이해할 수 있는 일이기 때문이다.

또 이 사건의 경우 흉기를 사용한 것도 아니고 계획했다는 것도 확실히 인정하기 어렵다. 보트를 전복시켜 수영을 못하는 여자를 익사시킨 것이 전혀 계획성이 없다고 단언할 수는 없지만 고도로 치밀한 계획이라고 볼 수는 없다. 여러 가지 상황을 고려해보면 이 범죄에 대한 판결은 보통 살인(충동적인 살인)과 비슷한 징역 13~14년 정도가 될 것이다.

형사재판의 기본원리

재판에는 형사재판과 민사재판이 있다. 민사재판은 개인 간의 다툼을 해결하는 것으로, 어느 쪽이 타당한지를 결정하는 것이다. 즉, 쌍방을 비교해 어느 쪽이 더 옳은지를 판단한다. 하지만 형사재판에서는 단순히 의심이 간다는 이유로 무고한 사람이 범죄자가 되는 것을 막기 위해 범죄를 충분히 입증할 수 있는 증거를 필요로 한다.

결국 검찰 측이 충분히 입증했는지 아닌지가 최종적인 판결에 영향을 미친다. 다시 말해 첫째, 판결하는 사람은 검찰 측과 변호사 측의 입증 성과를 비교해서는 안 된다. 둘째로, 변호사 측은 변호 활동을 하기는 하지만 자신 측의 주장을 입증해야만 할 필요는 없다. 셋째, 변호사 측의 활동은 어디까지나 검찰의 입증이 불충분하다고 호소하기 위한 것이라고 할 수 있다.

3. 〈이방인〉 카뮈
'태양 때문에' 사람을 죽였다면, 과연…

주인공 뫼르소의 행위는 정당방위인가?

카뮈의 〈이방인〉에서 주인공 뫼르소는 우연히 아파트에 사는 이웃과 아랍인의 다툼에 끼어들게 된다. 그리고 특별한 이유도 없이 해변에서 아랍인을 쏴 죽인 후, 법정에서 살해 동기를 '태양 때문에…'라고 대답해서 사형선고를 받는다. 일반적으로 엄벌을 받을까 두려워 거짓말을 하기도 하지만, 뫼르소는 변명하거나 거 짓말을 하지 않고 자신의 기분을 솔직히 말했다. 그는 사형선고를 받고도 오히려 행복하다고 느끼는데, 일반인들이 보기에는 조금 공감하기 힘든, 현실과 동떨어진 내용의 작품이라고 할 수 있겠다.

이 소설은 세간의 가식과 인간 존재의 참 모습을 대비시켜 허식을 뺀 인간 그 자체의 본질, 즉 '실존'에 다가가려는 실존주의 소설이다. 여기서 그것에 관해 왈가왈부하지는 않겠다.

사실 이 소설에 나오는 재판이나 형벌은 실제와는 동떨어진 측면이 있다. 카뮈가 '도덕과 법'과 '진정한 인간 존재'를 대비시킨 것처럼, 여기서는 '카뮈가 생각하는 형벌과 재판'과 '현실의 형벌과 재판'을 대비시킨다. 그렇게 함으로써 실제 재판에 다가가려고 한다.

이 소설에서는 아랍인이 비수(단도)를 뽑았기 때문에 뫼르소가 총으로 쏘았다고 나오는데 이것은 정당방위이다. 하지만 뫼르소는 총을 다섯 발이나 쐈기 때문에 정당방위라기보다 과잉방위가 된다. 과잉방위가 인정될 경우에는 살인이라도 징역 6~7년 정도의 가벼운 형벌에 처해지는 것이 통상적이다. 뫼르소는 아파트 이웃과 아랍인과의 다툼이 일단락되고 난 후에 해변에서 아랍인을 쏴 죽였는데 왜 그랬을까? 여기서는 처음부터 아랍인을 쏴 죽일 작정으로 간 것이 아닌지가 중요한 논점이 된다.

카뮈의 소설 〈이방인〉에서 검사는 '일부러 해변까지 가서 쏜 것을 보면 적극적으로 살해할 의사가 있었던 것이고, 악질적인 행위이다'라고 주장한다.

이 형사재판에서는 '방위할 의사'가 있었는지 없었는지가 문제가 된다. 정당방위나 과잉방위가 성립되려면 '방위 의사'가 있었다는 점이 중요하다. 처음부터 상대방의 태도와는 상관없이 죽일 목적으로 간 경우는 방위행위처럼 보이더라도, 정당방위나 과잉방위에서 제외되기 때문이다.

뫼르소는 이전에 아랍인과 아파트 이웃의 싸움을 말리려고 했는데, 그 직후 갑자기 아랍인을 죽이러 해변으로 갔다고 보기에는 무리가 있다. 따라서 이 경우는 제외되는 사례에 해당되지 않는다.

해변에 갔더니 우연히 거기에 아랍인이 있었다는 뫼르소의 진술이 더 타당해 보인다. 그렇다면 다음으로 동기가 무엇이었는지가 문제가 된다. 카뮈의 소설에서 판사가 왜 아랍인을 죽였느냐고 이유를 묻자 뫼르소는 '태양 때문에'라고 대답한다.

'태양 때문이다', 그 진술은 인정될 수 있다

카뮈의 〈이방인〉에서는 '태양 때문에'라고 한 주인공의 진술은 법정에서 받아들일 가치조차 없다고 여겨졌다. 또 그런 얼토당토 않은 이유로 살인을 저질렀기에 뫼르소는 엄벌에 처해진다.

하지만 실제 재판이라면 '태양 때문에'라는 진술은 법정에서 받아들여진다. 아랍인이 비수를 뽑는 것을 보고 놀란 뫼르소가 거기에 반응했다는 것 이외에는 객관적으로 동기다운 동기는 전혀 찾아볼 수 없다. 잘 알지도 못하는 아랍인을 굳이 살해할 이유가 없기 때문이다. 아파트 이웃과 아랍인이 다투기는 했지만, 아파트 이웃의 편을 들려고 아랍인을 살해했다고 하기에도 합리성이 떨어진다. 반면, 사람이라면 누구나 상대방의 공격적인 태도나 흉기 때문에 순식간에 자신을 방어하기 위해 행동을 취하기 마련이다. 이는 누구에게나 일어날 수 있는 예측 가능한 행동이다.

따라서 뫼르소는 아랍인이 비수를 뽑는 것을 보고 순간적으로 자기 방위를 위해 총을 발사했다고 볼 수밖에 없다. 순식간에 총을 한 발 발사한 뒤 흥분상태에서 자제심을 잃고 네 발을 연이어 발사한 것이라고 생각된다.

그런데 그것을 뫼르소는 '태양 때문에' 저지른 행위라고 말했다. 실제 법정에서라면 '상대방이 칼을 뽑는 것을 보고 놀라서', '흥분해서 아무 생각 없이 계속 발사하게 되었다'는 것을 자기만의 표현법으로 '태양 때문에'라고 진술했다고 판단하는 것이 일반적이다. 만약 판결하는 사람이 이 진술을 다른 식으로 해석한다면 그 사람은 합리적이지 않다고 의심받을 것이다.

이 사건은 아무리 봐도 처음부터 죽일 목적이 있었다고는 보이지 않는다. 단지 아랍인이 비수를 뽑는 것을 보고 놀라 순간적으로 저지른 사건이었다고 해석하는 편이 가장 타당하다.

형사재판은 사람을 판결하지 않고, 행위를 판결한다

카뮈는 〈이방인〉에서 뫼르소를 부도덕한 사람으로 규탄한다.

그는 어머니가 죽은 다음날 여자 친구와 코미디 영화를 보러가고 사랑을 나눈다. 또 죽은 어머니의 나이를 기억하지 못할 뿐 아니라 어머니의 죽음에도 무관심하다.

하지만 실제 재판에서 이런 행동들은 별로 중요하지 않다. 형사재판의 기본은 행위책임이라 할 수 있다. 즉, 사람을 판결하는 것이 아니라 일어난 행위 자체를 판결한다는 것이다. 사람이 사람을 판결하는 이상 하늘은 사람 위에 사람을 만들지 않았다는 것을 염두에 두고 진행해야 한다. 따라서 형사재판에서는 행해진 행위 그 자체와 그렇지 않은 것을 엄격히 구별한다.

어떤 형벌에 처할지를 결정할 때 고려할 사항은 ①범죄 상황과 ②일반 정황의 두 가지로 크게 구별할 수 있다. ①범죄 상황이란 행위 자체에 직접적으로 관계되는 일이고, ②일반 정황은 그 이외의 생활배경과 같은 일반적인 사항을 말한다.

또 ①의 범죄 상황은 중요하지만, ②의 일반 정황은 그 정도로 중시하지 않는다. 재판은 인간성 자체를 판결하는 것이 아니기 때문이다.

구체적으로 예를 들자면, 재판 보도기사에 자주 등장하는 '범행의 계획성'은 ①에 속한다. 이것은 행위의 잔혹성이다.

이에 반해 소설에서 뫼르소가 규탄받고 있는 그의 비도덕적인 행동들은 전부 ②에 속한다. 따라서 이 점은 재판에서 중시하지 않는다. 아무리 검사가 이 점을 규탄하더라도 뫼르소의 형벌을 무겁게 할 수는 없다.

재판을 도덕 설교의 장으로 착각한 카뮈

다시 말해, 이 사건에서 뫼르소의 바람직하지 못한 생활태도가 법정에서 고려되는 일은 있을 수 없다.

물론 사건에 따라 생활태도가 고려되는 경우도 있다.

그러나 이 사건과 같이 정당방위나 과잉방위를 문제로 삼는 사례에서 일반적인 생활태도나 생활배경을 중요시하는 것은 애초부터 잘못되었다. 뫼르소가 총을 쏜 것은 아랍인이 비수를 뽑았기 때문이다. 아마도 아랍인이 비수를 뽑지 않았더라면 총도 발사하지 않았을 것이다. 즉, 이런 상황은 지금까지의 그의 생활태도나 생활배경과는 아무 상관이 없는 일이다.

뫼르소가 바람직한 생활태도를 보였다면 과연 총을 쏘지 않았을까? 여자 친구와 코미디 영화를 보며 박장대소하지 않았다면 아랍인을 쏘지 않을 수 있었을까? 여자 친구와 관계를 맺지 않았다면 뭐가 달라졌을까? 죽은 어머니의 나이를 알고 있었거나, 혹은 죽은 어머니에게 관심을 보였다면 과연 다른 결과가 되었을까? 사건에 따라서는 생활태도나 생활배경이 고려되어 형이 무거워지는 경우도 있다. 예를 들면 아이를 지속적으로 학대하다 사망에 이르게 한 경우, 가난에서 벗어나기 위해 일을 하는 대신 강도

짓을 저지른 사건 등이 있을 수 있다. 하지만 뫼르소의 사건처럼 긴박한 상황에서 순간적으로 저지른 행위가 문제가 될 경우, 그의 생활배경을 문제시하는 것은 잘못이다. 이것은 행위가 아닌 인간 자체를 비난하는 것에 지나지 않는다. 교회나 학교라면 몰라도 법정에서는 일어나서 안 되는 일이다. 뫼르소의 평소 생활태도 때문에 형벌이 조금이라도 무겁게 내려졌다면 부당하다고 할 수밖에 없다.

카뮈는 소설에서 재판을 마치 도덕 설교의 장처럼 그려내고 있지만 그것은 큰 착각이다.

이 소설에서 가장 이상한 부분은 주인공의 사형

실제 재판에서 뫼르소가 어느 정도의 형벌을 받아야 하는지를 따져보자. 과잉방위가 인정될 경우 징역 6~7년 정도가 보통인데, 총기를 사용했다는 점을 고려해도 징역 10년을 넘기지 않을 것이다.

하지만 뫼르소가 갖고 있던 총은 자신의 이웃이 아랍인을 공격할 때 들고 있던 것이다. 그는 싸움을 말리려고 이웃에게 총기를 빼앗아 갖고 있었다. 따라서 총기를 사용했다는 이유로 얼마나 뫼르소의 형벌이 무거워질지는 의문이다. 이것을 떠나 일단 뫼르소의 형은 표준적 살인에 대한 형벌인 징역 13~14년보다는 적어야 한다는 것이 확실하다. 이 때문에 사형선고를 받는다는 것은 말도 안 되는 이야기이다. 카뮈는 부조리를 고발한 작가로 유명하다. 그는 작품을 통해 세간의 상식으로는 이해할 수 없는 인간성의 부조리에 대해 철저하게 그려냈다. 작가는 그 속의 '진실'을 호소하며 인간 존재의 근본을 명확히 그려내려고 했다. 하지만 〈이방인〉에서 뫼르소의 사형은 말도 안 되는 이야기이며 안타깝게도 거기에 '진실'은 담겨 있지 않다.

의외로 실제 형사재판은 카뮈가 그리고 있는 재판의 세계보다는 오히려 뫼르소의 세계에 가깝다고 할 수 있다. 즉, '태양 때문에…' 총을 발사했다고 법정에서 외쳤다고 해도, 그다지 엉뚱한 발언이라고 할 수는 없다.

정당방위와 방위 의사

정당방위가 되기 위해서는 그것이 방위를 위한 행위였다는 조건이 필요하다. 예를 들어 단지 상대를 혼내줄 의도로 공격을 한 경우, 설사 우연히 상대도 자신을 공격하려고 했던 것을 나중에 알게 되었더라도 정당방위는 되지 않는다. 또한 상대가 공격할 것이라고 처음부터 알고 있었다 하더라도, 무작정 공격하는 경우도 똑같다. 또 상대의 공격을 도발해놓고 맞서 싸우는 경우도 같은 이유로 정당방위는 될 수 없다.

과잉방위(★)

과잉방위는 정당방위에서 좀 더 나간 경우로, 공격해온 상대를 제압한 후에도 계속해서 때리는 경우(양적 과잉)와 맨손으로 공격하는 상대를 칼로 대응한 경우(질적 과잉)가 있다. 과잉방위의 경우 정당방위와는 달리 유죄가 된다. 그렇게까지 할 필요가 없는데도 지나치게 대응했다고 보기 때문이다. 단 형벌이 경감된다거나 면죄되는 경우는 있다.(일본 형법 36조 2항) 과잉방위란 정당방위가 될 수 있는 것을 지나치게 해버린 경우를 뜻하므로, 역으로 지나치게 대응하지 않았다면 정당방위가 인정될 수밖에 없다. 앞서 말한 방위의 의사에 맞지 않는 경우는 당연히 과잉방위도 성립되지 않는다.

4. 〈격돌!〉 스티븐 스필버그
자동차 시대 흔한 다툼이 살인으로

대형 탱크로리에 쫓기다 못해
결국 승용차로 '격돌'하면 무슨 죄일까?

이 영화는 고속도로에서 앞을 달리던 탱크로리를 주인공이 무심코 추월한 일에서 비롯된다. 달리던 자동차끼리 경쟁이 붙어 사태가 점점 심각해지더니, 급기야 목숨을 걸고 '격돌'할 수밖에 없는 상황으로 치닫는다. 액션 영화답게 마지막에는 탱크로리와 승용차가 뒤엉켜 절벽 아래 골짜기로 떨어지며 끝이 난다.

냉정하게 생각해보면 바보 같은 이야기지만, 자동차를 운전하는 사람이라면 공감할 수 있는 현실감 있는 내용이다. 자동차가 과연 사람의 심리를 바꿀 수 있을까? 자동차가 평소 잠자고 있던 인간의 본성을 이끌어낸 것일지도 모른다. 스필버그의 출세작인 영화 〈격돌!〉은 '자동차'라고 하는 현대 사회의 필수품을 도구로 해서, 일상에서 일어날 법한 작은 다툼을 통해 사람의 숨겨진 폭력성을 능숙하게 그려내고 있다. 이 영화가 부자연스럽거나 우스꽝스럽게 보이지 않는 것은 왜일까?

우리 사회는 조금만 건드려도 폭발하기 쉬운 충동을 억누르며 살아가는 사람들로 구성되어 있는지도 모른다. 스필버그는 생활 속의 사소한 사건이 평범한 일상을 무너뜨리는 모습을 오락적으로 잘 그려냈다. 이것은 TV용 작품이지만 인간의 미묘한 심리와 사회상을 매우 잘 그려낸 오락영화의 걸작이다.

주인공 데이비드는 자동차를 끌고 서둘러 일터로 향한다. 교외의 고속도로에 들어서자마자 거대한 탱크로리가 데이비드의 앞을 가린다. 서두르던 데이비드는 액셀을 밟아 탱크로리를 가볍게 추월한다. 그러자 이번에는 탱크로리가 굉음을 내며 데이비드를 다시 추월한다. 그리고 다시 데이비드의 앞을 가리고는 천천히 달려간다. 데이비드는 화가 나 다시 추월을 하게 되고 두 차는 몇 차례 엎치락뒤치락하며 달려간다. 그러던 중 커브 길에 들어서자 탱크로리의 운전수가 갑자기 창문으로 손을 내밀어 먼저 가라는 신호를 보낸다. 탱크로리 때문에 앞이 잘 보이지 않던 데이비드는 신호를 보고 추월하려고 차선을 바꾸려고 한다. 그때 맞은편에서 차가 맹렬하게 달려오는 것을 보고 깜짝 놀라 재빨리 원래 차선으로 돌아가 간신히 충돌을 면한다. 맞은편의 차가 활처럼 쌩하니 옆을 지나가자 데이비드는 어안이 벙벙해진다.

그러나 이것으로 끝나지 않았다. 데이비드가 탱크로리를 앞서 나가 철길 건널목에서 신호를 기다리고 있는데, 뒤따라오던 탱크로리가 속도를 멈추지 않고 그대로 뒤에서 들이받는다. 탱크로리는 열차가 다가오는데도 계속해서 데이비드의 자동차를 밀어붙인다. 데이비드는 안간힘을 다해 필사적으로 브레이크를 밟아보지만, 40톤짜리 탱크로리의 힘 때문에 차는 점점 철길 쪽으로 밀려간다. 다행히 데이비드의 차가 철길 안으로 밀려가기 직전 간발의 차로 열차가 통과를 하며 사고는 일어나지 않는다. 조금만 늦었다면 큰 사고로 이어질 뻔한 것이다. 데이비드는 공중전화로 경찰에 연락을 하려고 생각하지만 탱크로리가 돌진해 전화박스도 날려버린다.

이젠 도망갈 수밖에 없다고 생각한 데이비드는 서둘러 길을 나서는데, 산길에 오르자 라디에이터 고장으로 차가 하얀 연기를 내뿜기 시작한다. 결국 차의 속도는 점점 떨어지기만 한다. 이대로 가면 금세 추격을 당할 것이다. 결국 데이비드는 간선도로에서 샛길로 빠져 나와 절벽 가장자리에서 탱크로리를 기다렸다. 증기음을 내며 탱크로리가 다가오자 데이비드가 차를 돌려 탱크로리 앞에 모습을 드러냈다. 그리고 탱크로리를 향해 득달같이 달려든다. 모든 힘을 쥐어짜듯 흰 연기를 내뿜으며 거대한 상대에 맞서는 데이비드의 차에서 불이 활활 타오르기 시작한다. 데이비드는 충돌 직전 차에서 뛰어내리고, 차는 탱크로리와 격돌하며 뒤엉키듯 절벽 아래로 함께 굴러 떨어진다. 여기서 영화 〈격돌!〉은 막을 내린다.

데이비드의 차와 탱크로리는 절벽 아래로 떨어졌는데 그 후 어떻게 되었을까? 〈격돌!〉의 그 이후 이야기가 궁금해진다. 타고 있던 차를 잃은 데이비드는 그 뒤 어떻게 되었을까? 물론 사고를 경찰에 알려야 했을 것이다. 여기서는 영화 〈격돌!〉의 제2막, '그 뒤의 데이비드'에 관해 이야기해보자.

주인공에게 살의가 있었는가?

우선 데이비드의 '격돌' 행위는 어떤 범죄에 해당할까?

데이비드의 행위는 틀림없이 살인행위에 해당한다. 어떤 행위가 어떤 죄에 해당하는지를 결정할 때 제1단계로는, 거기에 이르게 된 이유나 본인이 어떤 생각으로 그런 행동을 했는지는 제쳐둔다. 행위를 행위 그 자체로 객관적, 외형적으로 보자는 것이다. 데이비드의 행동은 객관적으로 볼 때 자동차로 정면충돌을 했으므로 살인행위라고 볼 수 있다.

다음으로 살의는 어떤가? 범죄는 객관적인 면인 행위와 행위 이외의 주관적인 면으로 나눌 수 있다. 살의는 그 주관적 요소의 대표적인 항목이라고 할 수 있다. (범죄의 주관적 요소에는 이밖에도 목적이나 동기 등이 있다.) 어떤 행위가 어떤 범죄에 해당하는지를 판단할 경우, 가장 먼저 객관적인 측면을 보고, 다음으로 주관적인 측면을 보아야 한다. (이것은 물론 범죄 인정에 신중함을 기하기 위해서이다.)

범죄의 고의는 확정적 고의와 미필적 고의로 구별된다. 확정적 고의는 '어떻게 하겠다'는 확실한 심리상태를 가리킨다. 미필적 고의는 '그렇게 될지도 모르지만 상관없어'라는 다소 모호한 심리 상태를 가리킨다. 물론 모호하긴 하지만 어느 정도의 고의성이 있다고 여겨진다. 살의를 예로 들면 '죽일 거야'가 확정적 살의고 '죽어도 상관없어'가 미필적 살의가 된다. 양쪽 모두 살의가 있다는 것은 변함없지만, 여기서 중요한 것은 반드시 죽이겠다는 확실한 의사가 없었더라도 살의가 있었다고 판단한다는 것이다.

그렇다면 데이비드의 경우는 어떨까? 이 경우 자기 차를 탱크로리와 격돌시켜 절벽 아래로 떨어뜨리려고 했으므로, 이는 '죽일 거야'와 같은 확정적 살의라고 할 수 있다. 가령 절벽 아래로 떨어뜨려야겠다고 생각하지는 않았더라도 상대방의 차가 추락해도 괜찮다고 생각한 것은 확실하므로 어느 쪽이든 살의가 인정된다. 이상으로 알 수 있듯이 범죄의 고의라는 것은 본인만이 알 수 있는 속마음처럼 보이지만, 사실은 사회의 일반적인 판단과도 관계가 있다. 사회통념에 비춰 상식적으로 내심 어떻게 생각하는지를 가늠할 수 있다. 그래서 반드시 본인에게 물어봐야만 알 수 있는 문제가 아니라는 것이다. 이 점을 유의해야 한다.

실제로 데이비드의 경우 '그때 죽일 생각이긴 했지만, 거기까지는 생각해보지 않았다'고 말하더라도 사실 진짜 속마음이 어땠을지는 아무도 알 수 없다.

'격돌'은 정당방위가 될까? – 차에서 내려 서로 이야기했다면 좋았을 일

앞에서 범죄의 객관적 측면과 주관적 측면을 살펴보았는데, 다음으로는 왜 그렇게 되었을까 하는 이유를 살펴보겠다.

영화 〈격돌!〉에서 탱크로리는 데이비드를 끈질기게 뒤쫓는다. 탱크로리의 운전사가 무슨 생각으로 그런 짓을 했는지는 알 수 없다. 하지만 데이비드가 '격돌'하기로 결심한 이유가 탱크로리에 쫓겨 궁지에 몰렸기 때문이므로, 정당방위인지 아닌지가 문제가 된다. 하지만 결론부터 말하면 데이비드의 행위는 정당방위는 물론 과잉방위로도 인정받지 못한다. 정당방위가 되려면 방어에 적합한 행위였다는 것이 전제가 되어야 하기 때문이다.

다음과 같은 예를 들어보자. 눈앞에서 상대가 자신의 명예를 훼손하는 이야기를 시작했다고 치자. 이 경우 그것을 멈추려고 상대를 찔러 죽였다면 어떨까? 이런 행동은 정당방위도 과잉방위도 아니다. 이 경우 상대가 자신의 권리를 침해하는 위법행위(명예훼손)를 하고 있음에 틀림없다. 그러나 말에 의한 침해에 대해 물리적인 힘을 가해 막으려고 하는 것은 방어에 적합한 행동으로 인정되지 않는다. 이 논법으로 보자면 데이비드의 '격돌' 행위는 방위에 적합한 행동이라고 할 수 없다. 상식적으로 보면 그냥 '차에서 내려 서로 이야기하면 좋았을 일'인 것뿐이다. 안타깝지만 데이비드는 살인죄가 될 수밖에 없었다.

〈격돌!〉 주인공은 징역 몇 년?

그렇다면 데이비드의 징역은 몇 년 형에 처해질까?

앞서 나온 표준적 살인사건과의 관계를 생각해보자. 우선 충동적 살인인지 계획적 살인인지의 관점에서 보면 어떨까? 이 둘의 구별은 표준적 살인사건인지 아닌지를 결정하는 가장 기본적인 요소이다. 데이비드의 경우 쫓겼다고는 해도 절벽에서 기다리고 있다가 일부러 차를 충돌시킨 것이므로 충동적 살인으로 보기는 힘들다. 쫓기다 못해 궁여지책으로 저지른 일이라고는 할 수 있으나, 계획을 세웠다는 점 자체를 부정할 수는 없다. 이 때문에 계획적인 살인에 해당된다.

다음으로 탱크로리가 데이비드를 끈질기게 추격한 점은 어떨까? 이는 피해자의 잘못에 해당한다. 전에 표준적 살인사건의 요소 ④로 '피해자에게 잘못이 없다'는 항목이 있었다. (1. 〈웨스트사이드 스토리〉편 참조) 이 경우 탱크로리 운전사의 잘못이 상당히 크다고 할 수 있으므로 데이비드의 형이 경감될 가능성이 크다.

마지막으로 살의가 확정적 살의인지 미필적 살의인지를 살펴봐야 한다. 둘 중 어느 쪽에 해당되느냐에 따라 형벌이 달라지기 때문이다. 미필적 살인의 경우 형벌이 가벼워진다. 여기서 표준적 살인 요소의 하나로 ③ '확실한 살의가 있다'는 항목이 있었음을 떠올려보자.

이 '확실한 살의'라는 것은 확정적 살의를 지칭한다. 즉, 확정적 살의인지 미필적 살의인지를 구별하는 것은 표준적 살인사건의 요소 ③과 관계가 있다. 확정적 살인이 표준이므로 미필적 살의는 그에 비해 형이 가벼워진다.

결국 〈격돌!〉은 피해자에게 잘못이 인정되는 계획적 살인(계획성의 정도는 낮은)이 된다. 그리고 고의성이 있는 확정적 살인으로 보인다. 거대한 탱크로리에게 쫓기고 있던 점을 최대한 고려해도 징역 10년 정도가 될 것이다. 혹시라도 미필적 살인이 인정되면 징역 10년 이하에 처해질 수도 있다.

Part 02

'계획범죄'의 사각지대

5. 〈죄와 벌〉도스토예프스키
라스콜리니코프는 정말로 사형일까?

라스콜리니코프의 마지막 고백에서

중요한 것은 무엇인가?

도스토예프스키의 걸작〈죄와 벌〉에서 라스콜리니코프는 주인
공으로 나온다. 그는 자신을 대다수 '평범한 사람들'과는 구별되
는 존재인 '비범인(非凡人)'이라고 생각한다. 그는 마음속으로 그리
는 이상적인 자신과, 가난 때문에 대학을 그만둘 수밖에 없는 현
실의 자신을 비교한다. 그는 비범한 사람이 사회에 백해무익한 사
람에게서 금품을 빼앗는 행위를, 사회에 도움이 되는 유익하고 올
바른 행위라고 생각한다. 그래서 가난한 현실에서 벗어나기 위해
탐욕스런 전당포의 노파를 죽이고 금품을 빼앗아도 용서받을 수
있을 것이라고 생각한다.

어느 더운 여름 밤, 그는 하숙집에서 도끼를 품에 숨겨 전당포 노파의 집으로 향한다. 그는 양심의 가책도 느끼지 않고 노파를 끔찍하게 살해한다.

하지만 막상 범행을 끝내자 라스콜리니코프는 자신이 살인을 저질렀다는 현실 때문에 고통스러워한다. 머리로는 이상에 의한 '올바른 살인'을 저지른 것이지만, 도끼로 사람을 죽일 때의 끔찍한 촉감이나 피 냄새로부터 자유로울 수 없었던 것이다. 라스콜리니코프의 살인은 의외의 방향으로 흘러간다. 자신이 경멸하던 전당포의 구두쇠 노파에서 끝난 것이 아니었다. 우연히 살해 현장에 찾아온 노파의 여동생까지 살해하기에 이른 것이다.

라스콜리니코프는 이런 혼란과 고뇌 속에서도 자신이 '비범한 존재'라는 이상과 살인까지 저지르게 한 신념을 버리지 않았다. 예심판사의 거듭된 추궁에도 라스콜리니코프는 어쨌든 버텨내고 있었는데, 한 가난한 소녀 소냐를 알게 되면서 심경에 큰 변화가 생기기 시작한다.

소냐는 자신의 몸을 팔아 가족의 생계를 이어나가고 있었다. 학대와 멸시를 당하는 힘없고 불쌍한 존재에 불과한 소냐는 라스콜리니코프에게 "왜 살해당하는 사람의 아픔을 느끼지 못하나요?" "전당포 노파와 우리는 어디가 다른가요?"라고 묻는다. 소냐는 라스콜리니코프가 회개할 수 있도록 마음을 담아 그를 위해 기도한다. 그 영혼의 떨림을 느낀 라스콜리니코프는 과거에 소냐가 자신의 몸을 팔기로 결심했을 때 한 번 죽었지만, 그와 동시에 자신을 완전히 희생함으로써 다시 부활했다고 생각하게 된다. 그리고 소냐가 타인을-탐욕스러운 전당포 노파일지라도-자신과 함께 세상을 살아가는 한 사람으로 생각할 수 있는 이유는 희생의 아픔과 부활의 구원 때문이라는 것을 깨닫는다.

이로 인해 타인과 자신을 범인(凡人)과 비범인(非凡人)으로 구별하고 타인에 대한 공감을 거부했던 라스콜리니코프의 생각은 산산조각이 난다. 그리고 자신이 그때까지 구원해야 할 대상으로 생각했던, 힘없고 불쌍한 존재인 소냐에게 오히려 구원을 받게 된다.

이 작품은 법률가의 관점에서 봐도 훌륭하다고 할 수 있는 이유가 있다. '왜 사람을 죽이면 안 되는가?'라는 질문에 훌륭한 답을 제시하고 있기 때문이다. 이 소설은 근원적이지만 대답하기 힘든 이 질문에 라스콜리니코프를 통해 '백해무익한 사람, 나쁜 사람을 왜 죽이면 안 되는가?'라고 반문한다. 그리고 소냐를 통해 타인과 공존하는 기쁨과 슬픔을 보여주며 사람을 왜 죽여서는 안 되는지를 알려준다.

작품의 주제에 관한 이야기는 이 정도로 해두고 현실의 재판으로 눈을 돌려보자.

도스토예프스키의 〈죄와 벌〉의 끝부분에서 라스콜리니코프는 갈등 끝에 마침내 죄를 고백하기로 결심한다. 소냐에게 받은 조악한 나무 십자가를 품에 넣고, 경찰에 자수해 전당포 노파와 여동생을 살해한 경위를 진술한다.

라스콜리니코프는 상황을 자신에게 유리하게 왜곡하지 않고 '노파에게 열쇠를 빼앗은 상황'을 시작으로 범행 경위를 솔직하게 고백한다. 그리고 범행 후에 '누군가가 문을 두드린 것과 학생이 찾아온 것' 그리고 '어떻게 계단으로 달려가 빈방에 숨었고 어떤 경로로 집에 돌아왔는지'까지 상세하게 밝힌다.

마지막으로 노파에게 빼앗은 물건을 숨긴 위치가 대문 안쪽에 있는 돌이라고 알려주는데 그 돌 밑에서 노파의 지갑과 귀중품이 발견되었다.

라스콜리니코프의 고백을 법률적으로 살펴볼 경우 재판에서 우선 주목해야 할 부분은 과연 어디일까? 그것은 가장 마지막에 나오는 '대문 안쪽에 있는 돌'이라고 언급한 부분이다. 재판에서 이 부분은 매우 중요한 역할을 하기 때문에 보물처럼 취급을 받는다. 왜냐하면 이 부분 때문에 라스콜리니코프가 객관적으로 범인이 확실하다고 판단할 수 있기 때문이다.

판결하는 입장에서 보면 자백을 있는 그대로 받아들일 수는 없다. 자백에는 잘 알려진 '자백의 강요'와 같은 여러 가지 폐해가 있기 때문이다. 자백에 의존해 재판을 하는 것은 '자백 편중'이라고 해서 위험하게 본다.

바꿔 말하면 라스콜리니코프가 죄를 뉘우치고 솔직히 범행을 진술했는지 아닌지를 밝혀내는 것은 그다지 도움이 되지 않는다.

판사나 배심원은 신이 아니기 때문에 어차피 진실은 알 수가 없다. 중요한 것은 자백 속에 지금 나온 '대문 안쪽에 있는 돌'과 같은 객관적인 증거가 포함되어 있느냐이다. 라스콜리니코프가 '대문 안쪽에 있는 돌의 위치'를 알려주었고, 실제로 그 돌 아래에서 지갑과 귀중품이 나왔다고 하면, 그 자백은 적어도 그 부분에서는 진실이라고 할 수 있다. 그뿐만이 아니다. 범인이 아니라면 피해 물품을 숨긴 장소를 정확히 알고 있을 수 없기 때문에, 라스콜리니코프는 거의 범인임에 틀림없다고 본다. 이런 이유 때문에 재판에서 이 부분을 보물처럼 취급하는 것이다. 이것을 일명 '비밀 폭로'라고 하는데, 실제로 판사들은 자백(자백조서)에서 이런 비밀 폭로를 발견하면 보석을 얻은 것처럼 기뻐한다.

재판의 보물 '비밀의 폭로'

'대문 안쪽에 있는 돌'이라는 작은 부분을 중요시할 것이 아니라 라스콜리니코프의 고백 전체를 갖고 판단해야 인간다운 재판이 아닐까라고 생각하는 사람도 있을 것이다. 하지만 재판이라는 것은 그렇게 간단하지 않다. 일단은 처음에 솔직히 자백을 했더라도 나중에 그것을 부정할 가능성이 있기 때문이다. 〈죄와 벌〉의 라스콜리니코프는 자신이 사형을 당할 것이라고는 전혀 예상하지 않았다. 사형이 구형될 수도 있다는 것을 알게 되면 그 시점에서 겁을 먹고 범행을 부인하게 될 가능성이 있다. 하지만 그렇게 될 경우 부정할 수 없는 것이 바로 비밀의 폭로이다. 비밀의 폭로가 있는 경우에는 나중에 자백을 번복하더라도 좀처럼 받아들여지지 않는다.

예를 들어 비밀 폭로의 극단적인 예로 시체를 묻은 장소를 밝힌 경우를 들 수 있다. 우선 이 장소를 생각해보자. 범인 이외의 누군가가 시체를 묻은 장소를 알아서 맞춘다는 것은 초능력자가 아닌 이상 힘들다. 즉, 그 사람이 범인일 수밖에 없는 것이다. 나중에 자백을 번복하더라도 이런 명백한 증거를 부정할 수는 없다. 이렇게 극단적인 예는 아니지만 라스콜리니코프의 경우도 거기에 가깝다고 할 수 있다. '대문 안쪽에 있는 돌' 아래에 지갑이나 귀중품이 숨겨져 있다는 것을 범인이 아닌 사람이 산책을 하다가 우연히 알게 되었는데, 그게 하필 라스콜리니코프였다는 것은 흔하지 않은 일이다. 비밀의 폭로인지 아닌지는 자백이 진실인지 아닌지를 결정하는 핵심조건이 된다.

거기다 비밀 폭로의 '비밀성'이 상당히 높을 경우, 자백의 진실성에 대한 판정 정도를 넘어 그 자체가 하나의 '결정적인 증거'가 된다. 시체를 묻은 장소를 밝힌 경우가 그 예다. 라스콜리니코프의 '대문 안쪽의 돌'은 그 정도까지는 아니지만 비밀 폭로 중에서도 상당히 '비밀성'이 높기 때문에 유효하다고 할 수 있다.

소냐는 검찰 측의 증인이 될까?

라스콜리니코프의 범죄는 '전도유망한 젊은이가 전당포 노파를 죽여 탈취한 금품을 유용하게 쓴다면 사회의 이익이 되므로 용서받을 수 있다'는 그의 살인 철학을 바탕으로 이뤄졌다. 실제로 그는 노파의 금품을 훔쳤으므로 틀림없는 강도 살인에 해당한다. 게다가 라스콜리니코프는 우연히 그 장소에 온 노파의 여동생까지 살해했다. 따라서 이는 두 명을 살해한 강도 살인이다. 현재 일본의 재판에서라면 틀림없이 사형이 구형되는 유형에 속한다.

혹시 라스콜리니코프가 사형선고를 받을까 겁을 먹고 자백을 철회하고 부정하기 시작하면 어떻게 될까? 이 경우 앞서 나온 '비밀의 폭로'가 매우 중요한 역할을 하게 될 것이다. 하지만 이번 경우의 '비밀 폭로'의 효과는 '시체를 묻은 장소를 밝힌 경우'만큼 완벽하지는 않다. '시체를 묻은 장소'는 그 자체가 결정적인 증거가 되지만, 라스콜리니코프의 '대문 안쪽의 돌'은 앞서 말했듯 그 정도까지는 아니다. 그렇다면 이 경우 검찰은 어떤 행동을 취할까? 라스콜리니코프의 범죄를 완벽히 입증하기 위해서는 소냐를 증인으로 법원에 소환할 수밖에 없다. 라스콜리니코프가 소냐에게 범행 사실을 고백했기 때문이다. 이것은 간접적이긴 하지만 라스콜리니코프의 범행이 확실하다는 것을 알려주는 또 다른 증거가 된다. 따라서 소냐의 증언은 '비밀 폭로'의 효과를 한층 더 보완할 수 있는 매우 중요한 역할을 한다. 범행 고백을 들은 사람을 검찰 측 증인으로 세우는 것은 재판에서 빈번하게 일어나는 일이다. 그리고 범행 고백을 들은 사람은 소환을 당하면 증인으로서 출두할 의무가 생긴다. 일단 증인으로 법정에 서게 되면 증언은 거부할 수 없다. 즉, 재판에서 소냐는 자기 의지와는 상관없이 라스콜리니코프에게 불리한 증언을 할 수밖에 없게 된다. 재판이란 바로 이런 것이다.

라스콜리니코프는 사형?!

〈죄와 벌〉에서 라스콜리니코프는 징역 8년(시베리아에 보내져 강제노동 8년) 형을 구형받는다. 물론 이것은 소설이기 때문에 가능한 일이고 현실이라면 이야기가 달라진다. 실제로 당시의 제정 러시아에서 이렇게 가벼운 형벌을 내리지 않았을 것이다. 현재의 일본이라면 어떨까? 라스콜리니코프의 범죄는 방금 언급했던 두 명 살인이자 강도 살인에 해당된다. 두 명 살인에 강도 살인까지 추가된다면 일본의 통계상 약 70%가 사형을 선고받는다. 따라서 라스콜리니코프가 사형선고를 받는 것은 당연하겠다.

물론 사형이 되지 않을 가능성도 30% 정도 있다. 이때 라스콜리니코프에게 중요한 점은 가난한 친구를 도와주었다거나 화재가 났을 때 자신은 화상을 입어가며 아이들을 구한 것과 같은 그의 도덕적인 행동이 아니다. 사형을 면하는 데 중요한 것은 두 번째 살인이 우연한 결과였다는 것(두 번째 희생자가 그 장소에 우연히 돌아왔기 때문)이다. 두 명을 살해한 경우 사형을 구형하는 판단기준 중 '기회의 동일성'이라는 것이 있다. 이는 사람을 두 명이나 죽인 심각한 범죄를 일으킨 것이 피고인의 흉악성에 의한 것인지, 아니면 순간적으로 마가 끼어 그런 것인지를 판단하는 기준이 된다. 라스콜리니코프의 경우 두 번째 살인은 당초 의도한 결과는 아니므로 형이 가벼워질 여지는 있다. 하지만 라스콜리니코프의 범죄는 앞서 말했듯 자신만의 독특한 살인 철학에 의해 저지른 일이다. 단순히 마가 끼었다고 보기 어려운 이유이다. 따라서 쉽게 사형을 면할 수는 없을 것이다.

잘해야 무기징역, 가석방은 50대 중반가야, 소냐도 50세 가까이!

실제 일본에서 재판한다면 라스콜리니코프가 받을 수 있는 가장 유리한 결과는 기껏해야 무기징역이다. 두 명 살인이자 강도 살인이 유기징역으로 끝날 수는 없다. 일본의 형법에서 강도 살인에 대한 형벌은 '사형 혹은 무기징역'으로 정해져 있다. 법정형이 그렇기 때문에 피해자가 한 명이라도 원칙적으로 무기징역보다 형은 낮아지지 않는다. 두 명을 살해한 경우라면 일일이 설명하지 않아도 어떻게 될지 알 수 있을 것이다. 운이 좋아서 라스콜리니코프가 사형이 아닌 무기징역을 선고받는다고 치자. 이 경우 얼마 후에 가석방이 인정될까? 일본에서 가석방이 인정되기까지의 기간을 통계적으로 보면 약 21년 정도 걸린다. 최근의 동향을 살펴보면 그보다 긴 30년 가까이 된다. 라스콜리니코프가 가석방으로 출소하게 된다면 50대 중반이 되는 30년 후가 될 것이다.

도스토예프스키의 〈죄와 벌〉에서 소냐는 그를 따라 시베리아까지 따라간다. 하지만 실제라면 그녀가 라스콜리니코프와 함께 지낼 수 있는 것은 30년은 지나야 가능할 것이다. 즉, 그녀가 50세 가까이 되어서야 그와 함께 지낼 수 있게 된다. 만약 소냐가 이런 사실을 안다면 그렇게 쉽게 시베리아까지 따라갈 수는 없을 것이다. 〈죄와 벌〉은 라스콜리니코프의 회개와 소냐와의 새로운 생활을 예감하며 막을 내린다. 하지만 현실에서 이뤄진 재판이었다면 라스콜리니코프와 소냐의 미래는 55세의 라스콜리니코프와 50세의 소냐 모습밖에는 상상할 수 없다.

'비밀의 폭로'란?

용의자가 진술한 내용이 수사관이 사전에 알지 못했던 항목에 속하며, 그것에 의해 진실이 판명되는 경우를 가리킨다. 본문에 나온 것 이외에 대표적인 사례를 들어보자.

예를 들어 자백에 흉기나 독약의 입수처에 관한 진술이 있는데, 그것이 그 뒤의 수사에서 실제로 판명된 경우①, 도주경로에 관해 자백한 내용이 현지 상황과 일치한 경우② 등이다.

'비밀 폭로'의 효과가 얼마나 인정되는지는 각 사건에 따라 다르다. 위의 예시 중 ①은 본문에 나온 것보다 효과가 없고, ②는 더욱 효과가 떨어진다. 하지만 어느 쪽이든 자백의 판단을 객관화하는 데는 도움이 된다.

사형의 기준

현재 일본의 사형 적용 기준은 대체로 피해자(살해당한 쪽)의 수에 따른다. 세 명 이상을 살해한 경우 사형, 두 명을 살해한 경우는 사건에 따라 달라지며, 한 명을 살해했다면 원칙적으로 사형은 되지 않는다고 보면 된다.

'기회의 동일성' 기준이란?

이것은 두 명을 살해한 경우 사형을 구형할 것인지를 결정하는 부차적인 기준이다. 동일한 기회에 두 명을 죽였는지(동시형), 다른 기회에 두 명을 죽였는지(연속형)로 구별한다. 다른 기회에 두 명을 죽인 경우 범행을 두 번 반복한 것이므로 동일한 기회에 두 명을 죽인 것에 비해 범죄 경향이 더 강하다고 본다. 두 번 반복한 것은 확실한 범죄 경향을 나타내지만, 동일한 기회라면 두 명을 살해했더라도 순간적인 실수라고 볼 여지가 있기 때문이다.

6. 〈태양은 가득히〉 르네 클레망
알랭 들롱의 시체 없는 살인사건

주인공의 행위는 단순한 살인이 아니라 강도 살인

알랭 들롱이 연기하는 리플리는 태양이 작열하는 어느 날, 바다에서 자신의 친구를 찔러 죽인다. 요트에는 그 둘뿐이었기 때문에 목격자는 없었다. 그는 능숙한 솜씨로 시체를 무거운 돌과 함께 로프로 묶어 바다 깊숙이 던져 수장한다. 죽은 친구는 부유한 집안의 아들이었다. 리플리는 친구의 값비싼 옷에 고가의 장식품을 걸치고는 죽은 친구 행세를 하기 시작한다. 친구의 아버지에게 송금을 받는 것도 모자라 급기야는 친구의 약혼녀까지 손에 넣는다.

르네 클레망 감독의 〈태양은 가득히〉는 범죄영화지만 제목처럼 밝고 경쾌하게 내용을 그려내고 있다. 특히 세련되면서도 화려한 영화의 카메라 각도는 극찬할 만하다. 하지만 '재판'이라는 관점에서 보면 이 범죄는 강도 살인이다. 즉, 알랭 들롱이 연기하는 리플리는 강도 살인범이라고 할 수 있다. 친구의 값비싼 옷과 고가의 장식품뿐만 아니라, 친구의 아버지로부터 송금받은 돈까지 가로챘기 때문이다. 한 마디로 현물 갈취를 목적으로 한 강도 살인이다.

일본에서 일어난 실제 사건 중 현물 갈취 목적으로 친구를 강도 살인한 마쓰야마 호스티스 살해사건이 있다. 범인이 여성인 데다 약 14년 간 도피생활을 하던 중, 공소시효가 끝나기 직전에 체포된 드라마틱한 이야기로 큰 화제가 됐다. 그녀는 함께 생활하던 호스티스의 가구를 빼앗기 위해 동료를 살해했다. 물론 이것도 강도 살인이다. 이렇게 가까운 사람의 금품을 뺏기 위해 저지른 강도 살인은 강도 살인 중에서도 상당히 원시적이고 근시안적인 범행이라고 볼 수 있다. 쉽게 말해 동물적 범행이다. 원시적이고 일차원적인 이유로 저지른 범행이기에 범죄의 미학이나 지능범죄와는 거리가 멀기 때문이다. 범죄학적으로는 알랭 들롱이 연기하는 리플리가 저지른 범죄도 이와 같다고 할 수 있다. 〈태양은 가득히〉라는 제목과는 달리, 어리석고 사려 깊지 못한 범죄의 대표적인 사례라고 할 수 있다.

원작에는 없었던 마지막 장면

만약 이 한 컷이 없었다면…

〈태양은 가득히〉는 경쾌하지만 날카로운 전개로 르네 클레망 감독의 노련미를 돋보이게 했다. 죽인 친구의 필적을 흉내 낸 사인, 지문 바꿔치기, 유언장 위조, 호화로운 파티, 해수욕, 최상급 와인…. 그리고 이어진 마지막 컷은 그야말로 충격 그 자체였다.

'요트 스크루에 말린 피해자의 시체.'

요트를 육지로 끌어올리자 시체가 스크루에 뒤엉켜 함께 올라왔다. 리플리가 바다로 던진 피해자의 시체는 그대로 바다에 가라앉은 것이 아니라, 로프가 요트 스크루에 엉켜 계속 끌려 다니고 있었던 것이다. 눈부신 태양과도 같은 강렬한 장면이다. 영화는 알랭 들롱이 연기하는 리플리의 범죄가 태양 아래에서 낱낱이 밝혀지며 끝이 난다. 더 이상 말이 필요 없는 훌륭한 마지막 장면이다. 그런데 사실 이 영화의 마지막 장면은 원작에는 없었다. 원작인 패트리샤 하이스미스의 '리플리'에는 이 부분이 나오지 않는다. 영화에서는 마지막 장면에서 리플리의 범죄가 밝혀지며 끝이 나지만, 만약 이 장면이 없었다면 어땠을까? 여기서는 그 점에 대해 생각해보자.

일반적으로 무거운 돌과 함께 시체를 바다에 던졌다면 시체가 다시 떠오를 확률은 상당히 낮다. 또 이 범죄는 목격자가 전혀 없는 바다 위 요트에서 발생했다. 마지막으로 피해자를 찌른 칼도 바다에 던져버렸기 때문에 증거 확보도 어렵다. 이런 경우 어떻게 범죄를 입증할 수 있을까? 패트리샤 하이스미스의 원작에서는 '대단한 재능의 리플리'라 자화자찬하며 완전범죄로 끝나는데 과연 실제로도 그렇게 될까?

시체 없는 살인사건은 어떻게 될까?

시체가 발견되지 않는 경우 '시체 없는 살인사건'이라 불린다.

이따금 '시체가 발견되지 않는 경우 살인죄에서 무죄가 된다'고 착각하는 사람이 있다. 이것은 죄체(罪體)라는 단어로 인한 착각 때문에 나온 발상이다. '범죄의 입증을 위해서는 우선 죄체가 입증되어야 한다'는 말이 있다. 여기서 이 '죄체'라는 것은 범죄의 실체, 즉 범죄의 객관적 측면을 일컫는 말이지 몸(사체) 자체를 가리키는 것이 아니다. 살인죄에서 고의(살의) 등 주관적인 면을 제외한 객관적 행동(살인이라는 행위)을 가리키는 것이다. 따라서 '죄체'는 반드시 입증되어야만 한다는 지극히 당연한 말을 하고 있을 뿐이지, 시체의 존재를 입증해야 한다는 말이 아니다. 실제로 '시체 없는 살인사건'에서도 유죄가 된 경우가 있다. 그렇다면 시체 없는 살인사건에 어떻게 유죄를 선고할 수 있을까? 살인이 있었다는 것을 어떻게 증명할까?

실제 재판에서는 첫째, '일반적으로 피가 흐를 일이 없는 곳에서 피가 흘렀을 경우', 둘째, '다른 사람이 범행을 저지를 기회가 적은 경우'와 같은 두 가지 사항을 통해 살펴볼 수 있다. 이것을 단순화 하면 다음과 같다.

역이나 도로, 광장 등 불특정다수가 출입하는 공공장소에서는 설사 어딘가에 피가 괴어 있다고 해도 달라질 일은 없다. 순간적 으로 사람들을 놀라게 할 수는 있겠지만 그렇다고 해서 그것이 곧 살인사건이나 상해치사사건으로 연결되는 것은 아니기 때문이다. 사고일 수도 있다. 일상적인 작은 사고로 다친 사람이 이미 병원 에 실려 간 후 남아 있는 흔적일지도 모른다. 또 사고였든 사건이 었든 그것만으로 주변에 있던 사람이 사건과 직접 연관되어 있다 고 의심하지는 않는다. 하지만 혹시 회사의 사장전용 응접실에서 피가 발견되었고 사장이 사라졌다면 어떨까? 그리고 그날 사장과 그 응접실에서 만날 예정이 있던 사람이 거래처의 A씨 단 한 사람 뿐이었다면 어떨까? 이런 경우 정황상 당연히 A씨가 살인이나 상 해치사 의혹을 받을 것이다. 이 논법으로 보면 리플리도 무사하지 는 않게 된다. 〈태양은 가득히〉에서 리플리는 피해자를 요트 위에 서 찔러 죽였으므로 요트에서 혈액반응이 나올 가능성이 있다. (레 저용 요트에서 피를 흘릴 만한 사고가 일어나는 것은 일반적이라고 할 수 없 다.) 또한 그 당시 요트에는 피해자와 리플리 단 둘뿐이었고 그 뒤 피해자의 모습이 사라졌다.

상황증거의 누적이란?

물론 아무리 피가 흘렀다거나 다른 사람에게 범행을 저지를 기회가 없었다고 해도 그것으로 범죄를 입증할 수는 없다. 앞에서 언급했듯이 원래 형사재판에서는 검찰 측에 충분하다고 할 수 있을 만한 고도의 증거 제시가 요구된다.

따라서 〈태양은 가득히〉에서 요트에서 혈액반응이 나왔다고 해도 리플리는 아직 괜찮다고 할 수 있다. 실제 재판에서는 앞에 나온 두 가지 정황을 통해 범인을 좁힐 수는 있지만, 그것은 범위를 좁힐 수만 있을 뿐이지 범인으로 단정할 수 있는 것은 아니다. 그렇다면 범인이라고 단정하려면 그밖에 무엇이 필요할까? 온갖 의심이 가는 상황을 총동원해 범인이라고 할 수 있을지 없을지를 생각해보아야 한다. 동기가 있는지부터 시작해 주변 상황이나 이익의 이동 상황에 이르기까지 모든 면을 상세하게 검토해나가야 한다.

종종 TV 형사 드라마에서 볼 수 있듯이, 피해자와의 인간관계가 어땠는지, 원한을 품은 흔적이 있는지, 삼각관계는 없었는지, 사고 후에 어떤 태도를 취했는지, 피해자와 친구관계였음에도 사후에 아무렇지도 않았는지, 거꾸로 작위적으로 과장되게 슬퍼하진 않았는지, 범행 후 금전상황이 좋아진 흔적이 없는지, 급하게 사채 빚을 갚거나 돈 씀씀이가 헤퍼지진 않았는지, 범행 전의 생활

상황이 어땠는지, 돈이 궁했던 것은 아니었는지 등과 같은 모든 것이 검토 대상이 된다. 이것이 바로 '상황 증거에 따른 인정'이다.

그렇다면 '시체 없는 살인사건'과 같은 경우 용의자에게 특히나 불리한 점은 무엇일까? 그것은 피해자의 돈(금품)을 횡령했다거나 처분했다거나 하는 것이다. 일반적으로 그런 행위는 피해자가 죽었다는 것을 알고 저지르는 행동일 가능성이 크기 때문이다. 그렇기에 횡령이나 처분을 한 사람은 피해자의 죽음과 관련되어 있다는 의심을 받기 쉽다. 결백한 사람이라면 그런 행동을 취할 가능성이 낮게 마련이다. 정상적인 사람이라면 혹시라도 우연히 피해자가 죽었다는 것을 알게 되면, 경찰에 신고를 하지 그런 수상한 행동을 하지는 않을 것이기 때문이다. '시체 없는 살인사건'으로 유명한 사건 중 '이케부쿠로의 고(古)미술상 살인사건'이 있다. 이 재판에서는 고미술상의 사무소에서 피가 발견된 점(혈액반응), 그 가게에는 당시 주인과 종업원 둘뿐이었다는 두 가지 의문이 있었다. 그밖에도 고미술상의 주인이 사라진 후 종업원이 미술품을 처분해 가게 돈을 마음대로 썼다는 점을 들어 종업원을 살인범으로 인정했다.

〈태양은 가득히〉라도 지혜롭지는 않아…

〈태양은 가득히〉에서 알랭 들롱이 연기하는 리플리는 친구를 살해하고 나서 친구의 값비싼 옷과 고가의 장식품을 몸에 두른다. 또 친구 앞으로 송금된 돈도 마음대로 쓰고 요트까지 처분한다. 리플리는 점점 위험해지기 시작한다.

뿐만 아니라 죽은 친구와 똑같이 행세하며 이전에는 꿈도 꿀 수 없던 상류계급의 달콤한 세계를 맛본다. 리플리는 점점 더 위험해진다. 피해자의 물건을 횡령하고 처분한 것뿐이라면, 생전에 피해자가 자신에게 준 것이라고 변명이라도 할 수 있지만 그럴 여지조차도 없어지고 말았다. 거기다 혐의 내용도 살인과 상해치사 중에서 살인 쪽에 가까워진다. 고의적 상해에 그친다면 보통 그 사람 행세까지 하고 다니진 않기 때문이다.

리플리는 친구의 사인을 흉내 내고 전화로 목소리를 따라하며 자신이 또 다른 존재인 것처럼 꾸며댔지만 이것은 역효과만 불러일으켰다. 수사 당국은 평소 피해자와 이미 알고 지내던 사람이 피해자와 실제로 만나본 후 증언하는 경우가 아니면 존재 증명으로 인정하지 않는다. 따라서 언제쯤 피해자의 모습이 사라졌는지 그 시기를 속이는 것은 간단하지 않다. 피해자가 실제로 언제 사라졌는지는 결국 밝혀지게 마련이다. 그럴 경우 피해자의 물건을 횡령하거나 처분한 후 피해자 행세를 한 사람이 있다면 사건에 관여되었다는 혐의가 매우 짙어진다.

영화나 소설에서라면 몰라도 실제 재판에서는 어리석은 리플리는 금방 들통 날 수밖에 없게 된다. 그렇다면 이 경우 리플리는 강도 살인범일까? 아니면 살인범(단순 살인)일까? 혹은 상해치사죄일까? 이들 중 어디에 해당할지는 그의 자백에 달렸다고 할 수 있다. 처음에 언급했듯이 〈태양은 가득히〉는 본래 강도 살인에 해당한다. 하지만 '처음에는 물건을 훔칠 목적이 아니었다'거나 '열 받아서 죽인 후 갑자기 그런 마음이 생겨 금품을 취한 것이다'라고 주장하면 강도 목적이라고 증명하기가 어려워진다. 이를 배제하고는 강도 살인이라고 단정할 만한 증거가 없기 때문이다. 앞에 나온 이케부쿠로 고미술상 살인사건에서도 피의자가 피해자 재산의 상당부분을 취했음에도 불구하고 살인이 아닌 단순 살인으로 인정되었다. 거기다 만약 피의자가 범행을 완전히 부인할 경우, 살의의 입증조차도 힘들어진다. 앞에서 상해치사와 살인 중에 살인 쪽에 가깝다고 말했는데 이것도 사실 결정적인 증거가 있는 것은 아니다. 피의자가 살의를 완고하게 부인한다면 상해치사로 죄가 가벼워질 가능성도 있다. 왜 이렇게 되는지에 대한 이유를 조금 더 살펴보자.

이는 근본적으로 범인을 좁혀가는 방법이 객관적인 측면을 확인할 수는 있으나 범죄의 주관적인 측면을 확인하기가 어렵기 때문이다. 앞에서 '죄체(罪體)'라는 말에 관해 설명을 했는데, '죄체' 즉, 범행의 객관적인 실체를 확인해가는 것이지, 그 이외의 고의성과 같은 주관적인 측면을 확인하는 것은 아니다. 범죄를 객관적인 측면과 주관적인 측면으로 나누는 재판의 관례에 관해서는 앞에서도 언급했다. 사실상 재판에서는 살의나 동기, 목적 등은 자백에 의지할 수밖에 없는 측면이 있다.

시체가 없는 살인사건의 경우 일반 살인사건과 달리 시체라는 단서가 없기 때문에 다른 사건에 비해 범인 체포나 현장 확보가 늦어진다. 이 때문에 늘 이런 입증상의 한계가 발생한다. (시체가 있는 살인사건이라도 백골시체의 경우는 이와 같다.) 이런 점이 시체 없는 살인사건의 특징이다.

형사재판에서 '충분한 입증'이란?

앞에서 형사재판에서는 '충분한 입증'이 필요하다고 했다. (2. 〈젊은이의 양지〉편 참조) 그렇다면 충분한 입증이란 무엇을 말하는 것일까? 이는 '진실임이 확실한 것'을 뜻한다. 하지만 반대 가능성이 전혀 없을 정도까지 입증해야 할 필요성은 없다. 본문에 나온 '시체 없는 살인사건'에서도 유죄가 될 수 있다고 한 것은 이런 관점 때문이다.

그리고 진실이 확실한지 아닌지는 판결하는 사람이 어떻게 생각하느냐에 따라 결정된다. 그러므로 결국 배심원이 '진실이라는 확신을 얻었을 때'라고 할 수 있다. 따라서 재판하는 사람의 상식이나 판단에 상당히 의존할 수밖에 없다.

7. 〈사형대의 엘리베이터〉 루이 말
알리바이 없는 살인용의자와 완전범죄

말하고 싶어도 말할 수 없는 알리바이

〈사형대의 엘리베이터〉는 누벨바그(1950년대 말 시작된 프랑스 영화의 '새로운 물결')의 효시라 불리는 루이 말(당시 25세) 감독의 작품이다. 일본에서 최근 오가타 아키라 감독, 키치세 미치코, 아베 히로시 주연으로 리메이크되어 화제가 되었다. 원작인 프랑스 영화의 내용은 다음과 같이 요약할 수 있다. 용의주도하게 계획한 완전범죄가 거의 성공하기 직전, 우연히 엘리베이터의 전기가 나가는 바람에 허무하게 실패하는 모습을 날카롭고 생생하게 그려냈다.

확실히, 두각을 나타내던 신인감독이었던 루이 말의 이 영화는 지금 봐도 시대를 초월한 독특한 힘과 매력이 느껴진다. 긴장감과 퇴폐감이 어우러진 신비로운 분위기는 주인공의 비정함과 슬픔을 상징하는 듯하다. 깊이 있는 영상이 당시 파리 거리의 나른한 공기까지 생생하게 전해주고 있다. 이 영화는 명작이라고 말할 수밖에 없는 작품이다. 영화는 다음과 같이 전개된다.

주인공 줄리앙은 자신이 일하는 회사 사장의 부인과 내연관계로 사장을 죽이려고 완전범죄를 계획한다. 어느 날 사장실에서 사장을 총으로 쏴 죽이고 사장의 손에 권총을 쥐게 해놓고 자살한 것처럼 위장한 후 창문을 통해 도망간다. 창문 난간에는 로프가 걸쳐져 있다. 줄리앙이 생각한 완전범죄는 회사의 자기 방에서 창문 너머 난간에 로프를 걸쳐 한 층 위에 있는 사장실에 로프를 타고 올라가는 것이었다. 그리고 사장을 죽인 후 다시 로프를 이용해 자신의 방에 내려와 아무렇지도 않은 얼굴로 퇴근하는 것이다.

줄리앙이 준비한 로프는 끝이 갈라진 갈고리 모양의 흰 닻이 달려 있는 것이었다. 이것을 한 층 위 베란다 난간에 걸어 암벽타기를 하는 것처럼 사장실까지 올라가는 수법이다. 또 사장을 죽인 후 사장의 손에 쥐어줄 총은 사전에 사장부인을 통해 얻은 사장의 총이었다. 줄리앙은 계획대로 사장실에서 사장을 죽인 후 로프를 이용해 다시 자기 방에 돌아와 퇴근시간을 기다린다. 퇴근시간을 알리는 사이렌과 동시에 방을 나가 다른 사원들 틈에 껴 함께 회사 현관을 나선다. 이것으로 끝나야 했지만, 회사 근처에 세워둔 차에 타려는 순간 난간에 로프를 그대로 남겨두고 온 것이 생각난다. 줄리앙은 급히 회사로 돌아가 엘리베이터에 뛰어든다. 하지만 회사는 닫을 시간이 되어 빌딩 엘리베이터 전원이 꺼지고, 줄리앙을 태운 엘리베이터는 중간에 멈춰버리고 만다. 그는 사장실이 있는 층과 자신의 방이 있는 층 중간에서 멈춘 엘리베이터에 갇혀버린다. 결국 빠져나가지 못한 채 다음 날 아침까지 기다릴 수밖에 없게 된다.

한편 줄리앙이 엘리베이터에 갇혀 하룻밤을 보내는 동안 양아치 하나가 줄리앙이 회사 근처에 세워둔 차를 훔쳐간다. 그 양아치는 줄리앙의 이름으로 모텔에 묵으며 차 속에 있던 줄리앙의 카메라로 사진도 찍는다. 설상가상으로 줄리앙이 차에 숨겨둔 총을 이용해 사람까지 죽인다. 다음날 엘리베이터가 다시 가동되며 줄리앙은 겨우 밖으로 나오게 되는데 줄리앙을 기다리고 있던 것은 자신이 저지르지 않은 다른 살인혐의였다.

경찰은 줄리앙을 계속해서 심문하지만 그는 '술에 취해 아무것도 기억나지 않는다'고 대답할 수밖에 없었다. '저지르지 않은 살인혐의에 대해 결백을 증명하려면 엘리베이터에 갇혀 있었다는 것을 말해야만 한다.' '하지만 그렇다면 왜 자신이 회사에 돌아와 사장실이 있는 층에 올라가려고 했었는지를 설명해야만 한다.' 알리바이를 말하고 싶어도 말할 수 없는 상황이 된 것이다.

재판에서 알리바이의 의미

재판에서는 알리바이가 인정되면 그밖에 어떤 의심스러운 증거가 있어도 무죄가 된다. 알리바이라는 것은 '현장부재를 증명'하는 것이므로 그것만이 유일한 결론이 된다. 물론 이것은 수사 단계에서도 똑같기 때문에 줄리앙이 바로 경찰에 사실을 말했다면 엘리베이터 작동기록을 통해 양아치가 저지른 살인혐의를 벗을 수 있었을 것이다. 반면 알리바이가 없다면 어떻게 될까? 재판에서는 알리바이가 없다는 것은 당연히 불리하게 여겨진다. 하지만 알리바이가 없다고 해서 유죄에 대한 심증이 강해지는 것은 아니다. 재판에서는 알리바이가 없으므로 의심스럽다고 할 수는 없다. 왜냐하면 알리바이가 없는 사람은 판사, 배심원을 비롯해 얼마든지 있을 수 있기 때문이다. 이처럼 우리의 상식과 수사하는 형사의 알리바이에 대한 관점은 다르므로 조금 주의가 필요하다.

그리고 단순히 알리바이를 증명하지 못한 경우뿐 아니라 거짓 알리바이 공작을 펼쳤다가 들통 난 경우에도 똑같다. 가령 다소 억울하다고 해도 자신이 유죄가 될 것이 두려워 가족이나 지인에게 거짓 알리바이 증언을 부탁하는 경우가 있다. 궁지에 몰리면 그럴 수도 있기 때문에 역으로 말하면 거짓 알리바이 공작을 했다고 해서 유죄라고 단정할 수만은 없다. 이 점도 일반인들이 오해하기 쉬운 부분이다. 빌리 와일더 감독의 작품 중에 '정부(情婦)'라는 영화가 있다.

마를렌 디트리히가 연기하는 피고인의 아내가 살인용의를 받고 있는 남편을 구하려고 증인으로 법정에 서서 다투면서 벌어지는 일을 그린 재판 영화이다. 주로 알리바이에 관한 내용이다.

일반적으로 재판에서 아내의 알리바이 증언은 그다지 신뢰도가 없다. 디트리히가 연기하는 피고인의 부인은 이 점을 노리고 일부러 검찰 측의 증인이 되어, 남편에게 거짓 알리바이 증언을 부탁받았다고 폭로를 한다.

이로 인해 남편에 대한 배심원들의 유죄에 대한 심증이 깊어져 간다. 하지만 그다음 공판에서 자신의 증언은 사실 불륜상대와 함께 있기 위해 남편을 모함한 것(꾸며낸 이야기)이라고 참회하며 유죄 심증을 단번에 뒤집어버린다. 이로 인해 배심원들은 남편을 동정하게 되고 결국 남편의 무죄선고를 이끌어낸다. 영화 〈정부〉는 이런 반전 스토리로 유명한데, 영화 마지막에 '결말을 다른 사람에게 절대 말하지 말아 주세요!'라는 자막까지 나온다. 이를 실제 재판에 비추어 보면 이 영화에서 맞는 부분은 부인의 증언이 신뢰도가 낮다는 것뿐이다. 안타깝지만 그 외의 다른 부분은 전부 현실의 재판에 부합되지 않는다. 거짓 알리바이 공작을 하지만 결국 그것이 법정에서 들통이 난다고 해도 판결하는 사람이 유죄 쪽으로 심증을 굳히는 일은 없다. 즉, 그 증언은 마이너스가 되지 않는다. 그러므로 다음 공판에서 그 증언이 뒤집혔다고 해서 뭔가 플러스가 되지도 않는 것이다.

다시 정리해보자. 알리바이라는 것은 어떤 불리한 증거가 있더라도 알리바이만 입증된다면 무죄가 되는 극적인 효과를 갖고 있다. 하지만 그 외의 경우에는 플러스 효과도 마이너스 효과도 없는 조금 이상한 입증 수단이다.

여기서 빌리 와일더 감독의 '정부'에서 루이 말 감독의 〈사형대의 엘리베이터〉로 다시 돌아가보자.

엘리베이터에 갇혀 있는 동안 차를 도난당해 알지도 못하는 범죄에 이용된 줄리앙은 어떻게 하면 좋았을까? 엘리베이터에 갇혀 있던 것을 밝히면 당장 눈앞의 혐의는 벗어날 수 있지만 사장 살해에 대한 의혹이 따라오게 된다.

줄리앙은 그냥 '내 차는 도둑맞아 사용된 것이다'라고만 말하면 된다. 그렇게 말하면 차에서 다른 사람의 지문을 찾는 등 다른 방향으로 수사가 시작될 것이다. 줄리앙에 대한 용의가 바로 없어지진 않지만, 차량도난에 대한 수사가 시작될 것이다. 또 범행 장소인 모텔에서 진범의 지문은 나와도 줄리앙의 지문이 나올 일은 없으므로 초조하게 알리바이 입증을 고민할 필요는 사실 없었다. 그런 의미에서 엘리베이터에 갇힌 것 때문에 완전범죄 계획이 수포로 돌아갔다는 이 영화의 내용에는 조금 의문이 든다.

완전범죄를 노린 범행은 사형이 될까?

또한 거의 완전범죄가 될 뻔 했다고 하는 점도 납득하기 어렵다. 한 층 위 베란다 난간에 로프를 걸어 암벽을 타듯이 사장실까지 올라가는 수법부터 어설프기 짝이 없다. 파리 한 복판에 있는 빌딩에서 이런 눈에 띄는 행동을 한다면 분명 사람들의 이목을 끌 것이다. 그것보다도 자기 방에 돌아온 후 로프를 다시 회수할 방법도 없다. 설사 줄리앙이 방에 돌아와 바로 눈치를 챘더라도 로프 끝의 갈고리가 사장실이 있는 층의 베란다 난간에 걸려 있었다. 따라서 로프의 갈고리를 아래층에서 빼는 것은 기본적으로 불가능하다. 결국 사장의 시체가 있는 층에 다시 돌아가 사장실 창문을 통해 갈고리를 빼고 다시 자신의 방으로 돌아와 회수할 수밖에 없다. 이렇게 복잡하게 할 거라면 굳이 왜 로프를 사용했는지 이해가 가지 않는다. 암벽타기를 하는 모습을 외부에 노출시키고 로프 갈고리 때문에 다시 위층에 올라가야 할 정도라면, 차라리 그냥 눈에 띄지 않게 사장실에 가 범행을 저지르고 다시 눈에 띄지 않게 몰래 되돌아오는 편이 나았을 것이다. 하지만 내용에 대해 가타부타 하기도 뭐하고, 줄리앙은 줄리앙 나름대로 완전범죄를 계획한 것이므로, 내용 이야기는 그만 하도록 하자. 우선 완전범죄가 무너졌다는 것에만 초점을 맞추고 넘어가기로 하자.

완전범죄를 노렸지만 범행이 들통이 난 경우 사형이 될 수 있을까? 완전범죄를 노리고 사람을 죽인 것은 냉혹하고 비정한 범죄임에 틀림없다. 게다가 범행의 계획성도 높다. '들키지만 않으면 무슨 짓을 해도 좋다'는 생각으로 보아 범인의 도덕성 또한 제로라고 보이므로 비난받아 마땅하다.

하지만 실제 재판에서는 사형인지 아닌지를 판단하기 위해서는 좀 더 객관적인 측면을 중시하게 된다. 우선 몇 명을 살해했는지, 피해자의 숫자가 중요한 요소가 된다. 한 명을 살해한 것으로 사형선고를 받는 경우는 통계적으로 볼 때 극히 예외적이다. 과연 거기에 줄리앙이 저지른 것과 같은 범죄가 포함되어 있을까? 한 명 살인으로 사형에 처해지는 것은 어떤 경우일까?

〈사형대의 엘리베이터〉와 같은 범죄는 무엇일까?

현재 일본의 재판에서 한 명 살해로 사형이 되는 경우는 몸값 목적의 유괴 살인, 보험금 목적 살인, 강도 살인의 세 가지 유형 정도로 거의 한정되어 있다. 그것도 보험금 목적 살인, 강도 살인에서 사형이 될 확률은 통계적으로 매우 적다. 몸값 목적으로 일어난 유괴 살인도 물론 적기는 하지만 그 중 절반 정도가 사형을 면한다. 이것이 사형선고에 대한 일반적인 상황이다.

다시 말하면 앞에서 열거한 경우 외의 살인에서 한 명을 살해한 범죄로 사형선고를 받는 경우는 거의 없다.

그렇다면 앞에 나온 세 가지 유형의 살인사건이 다른 살인사건과 본질적으로 다른 것은 무엇일까? 첫째, '범행의 계획성'이고 둘째는 '금전 목적'이다. 한 마디로 금품을 목적으로 한 범행에 고도의 계획성이 있다고 인정될 때 사형이 선고된다고 요약할 수 있다. 여기서 줄리앙이 저지른 범죄의 경우 사형까지는 되지 않는다는 것을 알 수 있다. 아무리 완전범죄를 노렸다고 해도 목적이 돈이 아니기 때문이다. 또 줄리앙의 범죄는 줄리앙 나름대로 머리를 굴려 짜낸 것이라고는 하나, 앞에서 말했듯 사실 엉성한 면이 너무나 많기 때문에 제대로 된 계획이라고 보기도 어렵다. 여기서 사형선고를 좌우하는 '금전 목적'의 살인 의미에 대해 살펴보자.

여기서 말하는 금전 목적이란 몸값 목적의 유괴 살인, 보험금 목적의 살인, 강도 살인과 같은 예를 보면 쉽게 이해가 될 것이다. 이른바 '지금 바로 얻을 수 있는 이익'이다. 경제적 이유와 관계가 있더라도 구체성이 결여된 경우는 이에 포함되지 않는다. 예를 들어 줄리앙의 경우, 동기는 사장을 살해하고 사장부인과 살려는 것이었다. 거기에 그 결과 풍족하게 살 수 있을 거라는 생각이 어느 정도 포함되어 있을 수는 있다. (사장 사망 → 부인이 사장 재산 상속 → 부인과 줄리앙의 생활에 경제적인 플러스) 하지만 설사 그런 심리가 있었더라도 그 심리상태를 금전적 욕망이라고 하기에는 조금 약한 감이 있다. 구체성이 상당히 결여되어 있기 때문에 여기서 말하는 금전 목적에 포함되지 않는다.

'경악할 만한 라스트 신', 또 다른 의미에서도 경악

줄리앙의 차가 도난당한 후 일어난 두 번째 살인사건 때문에 차 속에 있던 카메라가 압수된다. 현상된 필름에서 사장부인과 줄리앙이 다정하게 함께 찍은 사진이 화면에 비춰진다. 이 사진으로 인해 줄리앙의 첫 범행이 밝혀지고 이어 사장부인도 연행된다. 이것은 영화적으로는 훌륭하다고 할 수 있다. 루이 말 감독은 현상된 사진이 범죄를 알려주는 재치 있는 마지막 장면을 보여주고 싶었을 것이다. 하지만 큰 틀에서 보자면 이것도 이해되지 않는 부분이다. 사장부인과 줄리앙이 친밀한 관계라고 해도 그것은 동기를 알려주는 데 지나지 않는다. 감독은 사장이 죽으면 부인과 친밀한 관계에 있던 사람이 모두 살인용의자가 된다고 생각하지는 않았을 것이다. 또 단지 그것 때문에 부인까지 구속된다고 생각하지도 않았을 것이다. 다른 의미로 경악할 만한 마지막 장면이라고 할 수 있겠다.

8. 〈테레즈 라캥〉에밀 졸라
정부를 부추긴 비정한 아내의 남편 살인죄는?

그때 보고만 있던 여주인공 테레즈,

공모공동정범이란 무엇인가?

졸라의 자연주의 문학의 초기작품 〈테레즈 라캥〉에서 여주인공 테레즈는 재미없고 병약한 남편에게 질려, 남편의 친구와 정을 통하고 나중에는 남편을 죽여주면 좋겠다는 기대를 하게 된다. 아무것도 모르는 남편은 친구(아내의 정부), 테레즈와 함께 보트를 타고 물놀이를 나가는데, 친구라고 생각했던 남자에게 갑자기 목을 졸려 물에 빠져 죽게 된다.

여기서 남자(정부)가 한 행동은 물론 살인행위지만, 테레즈는 어떨까? 테레즈는 남편이 살해될 때 보트에서 보고만 있었지 아무런 행동도 취하지 않았다. 사전에 정부가 남편을 살해하려는 것은 알고 있었지만 테레즈 자신이 살해를 한 것도, 정부에게 살해를 부탁한 것도 아니다. 또 사전에 둘이 살해에 관해 확실히 이야기를 나누었다고 할 수도 없다. 정확히 계획을 짠 것이 아니라 농담처럼 주고받은 대화가 자연스레 살인에까지 이르게 된 것이다. '남편이 없으면 얼마나 좋을까' '진짜 그렇겠지. 차라리 죽여 버릴까' '좋을 대로'와 같이 농담반 진담반이 현실이 된 것이다.

이런 경우 법적으로 어떻게 될까?

일본에서는 공모공동정범(共謀共同正犯)이라는 것이 있다. 테레즈는 살인의 공모공동정범이다. 공동정범이라는 것은 다수가 함께 범죄를 저지르는 경우로, 살인 공동정범이란 몇 명이 실질적으로 함께 피해자를 살해하는 것을 의미한다. 테레즈의 경우 실질적으로 살인을 함께 저지른 것은 아니다. 남편이 살해될 때 보트에서 보고 있었을 뿐이다. 하지만 일본의 재판에서는 둘 사이에 공모가 있었다면 직접 범행에 가담하지 않았더라도, 그 사람을 공동정범으로 본다는 독특한 관념을 따른다. 이것이 '공모공동정범'이다.

그리고 공모공동정범에서 말하는 '공모'가 있었는지 아닌지에 관해서는 상당히 포괄적으로 보고 있다. 때문에 확실한 형태의 의논이나 음모가 이루어진 것에 한정하지 않고 농담반 진담반으로 얼렁뚱땅 의사를 표현하고 넘어간 경우도 큰 이상이 없는 한 공모에 해당되는 것으로 본다. 따라서 테레즈는 살인 공모공동정범이 된다. 참고로 실제 범행에 직접적으로 가담한 쪽은 공모공동정범과 구별되는 의미로 '실행공동정범'이라고 칭하는 경우가 있다. 테레즈의 정부(남편의 친구)는 실행공동정범이 된다. (이상은 일본만의 특수한 견해로 외국에서는 본래의 공동정범 외에 공모공동정범이라는 것을 인정하고 있지 않다.) 둘 이상이 범죄에 관여한 경우 '공범'이라고 한다. 공범이라는 말은 일반적으로 자주 쓰이고 있다. 그렇다면 이 '공범'에는 어떤 종류가 있을까? 잘 알려져 있는 편은 아니지만, 지금 나온 공동정범, 공모공동정범이 공범의 종류에 속한다. 이 외에도 교사범(敎唆犯)이나 종범(從犯)이 있다. 교사범이란 타인을 부추겨 범행을 일으킨 사람, 종범이란 타인의 범행을 도운 사람을 가리킨다. 이를 통칭해 '공범'이라 부르는 것이다.

일본의 재판에서는 앞서 나온 공범의 종류 중 공동정범이나 공모공동정범으로 기소되는 경우가 대다수로 교사범이나 종범으로 기소되는 사례는 극히 적다. 다시 말해 판결하는 입장에서 보면 공동정범과 공모공동정범에 관해 이해하고 있는 것이 무엇보다 중요하며, 일단 그것만 알아도 충분하다고 하겠다.

공범자가 있으면 범행은 들키기 쉽다

추리소설에서는 종종 공범이 있으면 완전범죄가 되기 어렵다고 나온다. 이는 공범자가 얼빠진 실수를 해 들킬 위험이 많다는 의미인데, 실제 범죄수사에서도 공범이 있을 경우 범행의 자백을 받기가 쉬운 편이다. 취조를 할 때 공범이 있는 범행의 경우 함정에 빠뜨리기 쉽기 때문이다. 이는 다음과 같은 이유에서다. 예를 들어 단독범의 범행 중 진범임에도 불구하고 완고하게 자백을 거부하고 끝까지 범행을 잡아떼는 끈질긴 범인이 있을 수 있다. 이 경우 혐의를 벗을 수 있을지 아닐지를 떠나, 당장은 자기 혼자만 입을 다물면 된다. 하지만 공범자와 함께 검거될 경우는 그렇지 않다. 자신이 아무리 노력해도 공범자가 범행을 실토할 가능성이 있기 때문이다. 자기는 열심히 범행을 부인하고 있는데 공범이 포기하고 자백해버렸다는 말을 들으면 '처음에 걔가 먼저 한 거예요'라고 고백하게 된다. 하지만 그 후 정신을 차려보니 오히려 자신이 먼저 범행을 자백한 배신자가 되는 경우가 있다. 이런 상황에서는 공범자 간에 일종의 의심이 생기게 될 수밖에 없다.

그 결과 먼저 자백하는 자가 유리할지도 모른다고 생각하기 쉽다. 이런 상황에서는 먼저 빨리 자백해서 요구할 사항은 요구하는 것이 나을 거라는 생각과 의리와의 사이에서 갈등이 생기기 마련이다. 이처럼 공범이 있는 범행에서는 취조에서 공범자가 서로 죄를 미루다가 결국 진상이 밝혀지는 경우가 많다. 이러한 경우 취조의 연장선인 공판에서 더 험악한 전개가 펼쳐지기도 한다. 법정에서 서로 상대방에게 죄를 덮어씌우고 비판하는 것이다. 검사건 뭐건 이미 안중에도 없이 피고인끼리 서로 공격하는 경우를 재판에서 자주 볼 수 있다. 이것은 부부나 연인관계에 있던 남녀사이에서도 자주 볼 수 있는 일로 둘의 관계는 법정에서 최악의 피날레를 맞게 된다. 이상이 현실 재판에서 공범자가 있는 범행의 패턴이다.

보통 살인보다 무거운 '모살' 형태

테레즈와 정부의 형벌은 몇 년 정도일까?

보통 살인과 비교해보면, 이 사례의 특징은 둘이 남편을 속여 살해한 데 있다. 남편 쪽에서 보면 아무것도 모른 채 친구라 생각했던 남자(아내의 정부)와 아내, 셋이서 즐거운 물놀이를 할 생각으로 보트를 탔을 것이다. 그리고 방심하고 있던 차에 갑자기 습격을 당한 것이므로 완전히 덫에 걸렸다고 할 수 있다. 서구의 많은 나라에서는 살인을 보통 살인인 '고살(故殺)'과 악질인 '모살(謀殺)'로 구분하는데 테레즈와 정부의 살인은 '모살'에 딱 들어맞는다.

이런 법제도를 취하지 않는 일본의 경우, 이 책의 서두에서 언급한 표준적 살인사건과 대비해서 생각해봐야 한다. 표준적 살인사건의 제1 특징은 충동적인 살인이다. (1. 〈웨스트사이드 스토리〉 편 참조) 테레즈의 사건을 살펴보면 흉기를 사용한 것도 아니고 사전에 계획을 짠 것도 아니기 때문에 확실한 계획성이 인정되지는 않는다.

하지만 이걸로 충동적 살인이 될 수 있을까? 전체적으로 보면 여기에는 충동적인 살인과는 확실히 다른 무언가가 포함되어 있다. 그것은 배반이나 배신행위이다. 피해자가 믿고 있던 아내, 친구라 생각했던 남자가 함께 배신을 한 것이다. 둘이서 함께 그에게 할 수 있는 최대의 배신, 배반행위를 한 것이다. 애정이나 우정과 같은, 작지만 사람들이 살아가는데 힘을 주는 요소가 모두 사라져버리고 한 사람을 나락으로 빠뜨렸다. 이를 한 마디로 표현하면 배신 살인이라고 할 수 있다. 단독범의 경우 보통 충동적 살인인지 계획적 살인인지를 가늠하기 쉽다. 그러나 두 명 이상의 공범이 있을 경우 계획성이 없어도 여럿이 함께 범행에 가담할 수 있기 때문에 충동적 살인, 계획적 살인과 같이 이분법으로 나눌 수 없는 특수 살인일 경우가 생긴다. 그 대표적인 예가 이 배신 살인이라 할 수 있다. 그렇다면 이런 배신 살인에는 어느 정도의 형벌이 적당할까? 실제 재판에서는 유기징역의 상한선이라고 할 수 있는 징역 20년 정도가 된다. 거기에 계획성이 더해진다면 최고형을 넘어간다.

테레즈는 징역 몇 년 정도?

앞에서 언급했듯이 테레즈는 남편이 살해될 때 보트에서 보고만 있었을 뿐이고 정부에게 살해를 부탁하지도 않았다. 테레즈는 시종일관 수동적인 역할에 머물렀다. 범행을 실행한 것은 정부이며 테레즈는 단지 범행을 멈추게 하지 않았을 뿐이다. 이런 경우 테레즈만 형이 가벼워질 수 있을까?

원래 앞에서 말한 공모공동정범이란 직접 범행에 가담하지 않았더라도 같은 죄라고 보기 때문에 직접적으로 가담하지 않았다고 형이 가벼워지지는 않는다. 게다가 남녀가 공범자가 되어 살인한 사례의 대부분의 경우 주로 체력이 강한 남자가 범행을 저지르기 때문에, 남녀의 역할이 다르다는 것을 생각해보면 남자만 무거운 형벌을 주는 것은 부당하다고 할 수 있다. 또 분명 테레즈에게는 남편을 죽이고 정부와 살고 싶다는 강렬한 욕망이 있었을 것이다. 시종일관 수동적인 역할을 했던 것처럼 보여도 근본에는 이런 강한 소망이 깔려 있다고 하겠다. 즉, 테레즈는 정부에게 휘둘린 것이라고만 할 수 없다. 원래 소극적인 성격인데 공범자에게 휘둘려 함께 범행을 저지른 경우라면 죄는 가벼워지지만 이 경우는 그렇지 않다. 따라서 테레즈만 형이 가벼워질 일은 거의 없다. 설사 가벼워진다 해도 그 차이는 미미할 것이다. 실제 재판이라면 정부는 징역 18년, 테레즈는 징역 18년이나 17년이 될 것이다.

공범자 진술의 위험성

본문에서 설명한 것과 반대로 공범자의 진술은 무고죄가 될 위험한 측면도 있다. 무고한 사람이 공범자가 되는 경우가 종종 있기 때문이다. 범인이 무고한 사람을 공범자라고 지명하는 경우가 그렇다. 이유는 원한을 가진 상대에게 누명을 씌울 생각이거나 진짜 공범자(친족 등)를 숨길 목적, 또는 수사관 측에서 복수의 용의자를 의심할 경우 거기에 영합하려 할 수 있기 때문이다. 본문에서 설명한 것은 죄를 저지른 진범이 취조를 당했을 때 생기는 경우를 말한다. 그렇지 않고 저지르지도 않은 사건의 용의자가 될 경우, 전혀 다른 양상으로 전개된다. 피고인이 공판에서 자신이 범인이 아니라고 호소하는 데도 공범자의 진술만으로 죄를 인정하는 것은 큰 문제가 있다.

9. 〈나이아가라〉 헨리 해서웨이
입증 어려운 마릴린 먼로의 간접 살인

정부에게 남편을 살해하도록 시켰는데
오히려 정부가 살해되었다면 무슨 죄일까?

이것도 아내와 그 정부(情夫)가 남편을 죽이려고 한 이야기이다.

이런 잠재적인 욕망이 일반 여성들에게도 많이 있는지 모르겠다. 최근 어느 잡지 기사에서 인터넷으로 남편이라는 단어를 입력하면 '죽었으면 좋겠다'는 연관 검색어(검색어 다수 이력)가 톱으로 나온다는 내용을 보았다. 그 기사에 따르면 아내라는 단어를 입력한 경우는 가장 먼저 '선물'이 나온다는 이야기도 있었다. 남자와 여자, 남편과 아내는 서로 딴 세상에서 살고 있는 것일까. 영화 〈나이아가라〉에서 마릴린 먼로가 연기하는 여주인공은 정부에게 남편을 죽여 달라고 부탁한다. 여기까지는 앞과 같지만, 살해를 시도하는 정부를 남편이 오히려 제압하고 살해한다는 점이 다르다.

먼로가 연기하는 악녀는 남편을 나이아가라의 절경인 '폭포 속 천연 터널'로 불러 정부에게 습격하도록 사주한다. 그런데 오히려 정부가 죽게 된다는 특이한 전개가 돋보인다. 다음날 나이아가라 폭포에서 시체가 하나 떠오르게 되는데 먼로는 그녀의 사라진 남편임이 틀림없다고 생각한다. 먼로는 시체를 확인하러 가는데 시체 안치소에서 먼로의 눈에 들어온 것은 남편이 아닌 정부의 시체였다. 먼로는 그 자리에서 기절하고(기절한 척을 하고?) 병원에 실려간다. 먼로는 병원에서 몰래 빠져나와 도망치지만 병원에서 사라진 것이 경찰에 알려진다. 이에 비상선이 쳐지게 되어 나이아가라의 관광지 밖으로 나갈 수 없는 상황에 처한다. 그렇다면 이는 어떤 범죄에 해당될까?

먼로는 남편을 죽이려고 자신의 젊은 정부와 의논했으므로 이 범죄 형태는 앞에서 나온 공모공동정범이 된다. 남편의 살해는 미수로 끝났기 때문에 '살인미수 공모공동정범'이라 할 수 있다. 단, 먼로가 도망갈 필요가 있었는지에 관해서는 의문이 든다. 시체 안치소에서 보니 시체가 다른 사람이었다고 해도 그걸로 뭐가 어떻게 되지는 않는다. 거기다 시체가 자기와 불륜관계에 있던 남자라고 정직하게 말했다 하더라도 상황은 변하지 않는다. "불륜관계의 남자가 남편을 습격했을지도 몰라요. 하지만 저는 관계가 없어요.

그 남자가 멋대로 한 거니까." 먼로는 이렇게 말하면 끝날 일이다. 가장 중요한 핵심이 되는 불륜상대가 사망해버렸기 때문에 그 이상은 경찰도 어쩔 수 없는 일이다.

영화 〈나이아가라〉에서 먼로는 당황해서 병원을 빠져나갔기 때문에 경찰이 의심을 하게 된다. 그리고 관광지의 비상선 안을 배회하는 동안 잠복하고 있던 남편을 만나 오히려 남편에게 살해당한다. 하지만 실제로는 당황해서 도망갈 필요는 조금도 없었다. 오히려 경찰의 보호를 받으며 취조에 응하고 침착하게 지내는 편이 나았을 것이다.

'공모'는 어떻게 증명될까?

여기서 서술한 것을 거꾸로 생각해보면 '공모'를 입증하기가 쉽지만은 않다는 것을 알 수 있다. 앞서 공범자가 두 명 다 검거된 경우 서로 죄를 미루다보니 그로 인해 진상이 밝혀지는 사례가 많다고 말했다. 그렇다면 범인 검거가 잘되지 않을 경우 어떻게 될까? 예를 들어 이 영화 〈나이아가라〉와 같이 범행을 저지른 공범인 불륜상대의 남자가 사망했을 경우, 혹은 공범자가 도주해 잡을 수 없는 경우에 공모 입증은 어떻게 이루어질까?

공모라는 것은 음지에서 은밀하게 이루어지므로 그 내용이나 사실이 밖으로 누설되는 경우는 거의 없다. 또 직접 실행에 가담하지 않은 공모자의 경우 입만 다물면 된다. 실제 재판에서는 공모를 의심케 하는 객관적인 흔적을 추적하는 방법을 취한다. 흉기 제공이 있었는지, 자금 제공이 있었는지, 당사자가 범죄에 의해 이익을 얻는지 등이다. 역으로 말하면 이런 객관적 흔적을 찾지 못하면 공모 입증은 어려워진다. 또 이런 객관적인 흔적이 발견되더라도 이것만으로 범죄가 입증되지는 않는다. 그 외에 의심스러운 상황이 어디까지인지가 문제가 된다. 이것은 앞에서 나온 상황 증거에 의한 인정 문제이다. (6. 〈태양은 가득히〉 편 참조)

　사실 이 문제를 파고들다보면 형사재판에서도 이런 경우는 특히 입증이 곤란하다는 것을 알 수 있다. 그러므로 영화 〈나이아가라〉에서 먼로는 '불륜관계에 있던 젊은 남자가 제멋대로 한 짓이다'라고 주장하면 절대 유죄는 되지 않는다. 이는 얼핏 보면 불합리하게 생각되지만 원래 공모라는 것은 은밀하고 비밀스럽게 이루어지기 때문에 진실을 충분히 밝혀내기에는 한계가 있어 어쩔 수 없다고 볼 수밖에 없다. 특히 공모공동정법을 인정하는 일본에서는 자신이 범행에 직접적으로 가담하지 않았더라도 사형이 되는 경우가 있다. 따라서 이 정도 수준에서 만족하는 수밖에 없다.

공범을 둘러싼 문제는 트럼프 카드로 해결

　이처럼 공범이 있는 범행일 경우 어느 정도 복잡한 측면이 있다는 것을 알 수 있다. 앞에서 공범자가 있는 범행의 경우 공범자끼리 서로 죄를 미루다 그로 인해 진실이 밝혀지는 경우가 많다고 했다. 또 그 반면에 공범자의 진술 중 무고한 사람을 모함하는 진술이 섞여 있을 위험한 측면도 있다고 했다. (8. 〈테레즈 라캥〉 편, [재판 들여다보기] 공범자 진술의 위험성 등 참조) 여기서 또 특별히 입증하기 곤란한 상황이 나온다. 앞서 나온 내용 등을 포함해 공모나 공범 일반에 관해 다시 한 번 정리해보자. 공범자를 둘러싼 형사재판의 요점은 책상 위에 놓인 두 장의 트럼프카드로 표현할 수 있다.

공범자가 두 명 다 검거된 경우 쌍방의 진술을 취합해 범행을 판명할 수 있다. 이 경우 진범이라면 자연히 쌍방의 진술이 일치하게 된다. 공범자 중 하나가 진범이 아닌 경우에는 쌍방 진술 사이에 모순이나 무리한 내용이 포함되어 있을 것이다. 첫 번째는 두 장의 카드를 책상 위에서 삼각형으로 세우는 것이 가능한 경우이다. 두 번째는 한 장의 카드가 달라 두 장의 카드로 잘 세울 수 없는 경우이다. 이 경우 무리하게 카드를 세우면 무고죄가 된다. 그런데 수사하는 쪽에서 무리하게 카드를 세우는 경우가 있으므로 판결하는 쪽은 이 점에 주의가 필요하다. 마지막으로 카드 한 장이 어디론가 사라져버려, 한 장만 남았다면 카드를 세우는 것 자체가 상당히 어려워진다. 지지해주는 바닥 부분에 카드를 지탱해줄 무엇인가가 없다면 카드를 세우는 것은 무리이다. 이 '바닥'이 되는 부분이 앞에서 나온 각종 객관적인 흔적이다.

참고로 검찰이나 법원에서는 사건이 입증되면 사건이 섰다(확립)는 말로 나타내는데 앞에서 말한 카드를 세우는 것과 같은 뉘앙스의 표현이다. 어쨌든 판결하는 입장이 된 경우, 지금 법정에 나온 것이 두 가지 중 어떤 장면인지, 그 점을 파악하는 것이 가장 중요하다. 예를 든 '카드' 형태로 전체 이미지를 바로 파악해야만 상황을 정확히 읽을 수 있게 된다.

먼로가 연기하는 악녀는 어느 정도의 형벌을 받을까?

그렇다면 영화 〈나이아가라〉로 돌아가보자.

혹시 먼로가 죄를 인정하고 모두 자백한다면 어느 정도의 형벌을 받게 될까? 아마도 잘해야 징역 4~5년이 될 것이다. 살인이라도 미수의 경우 형벌이 상당히 가벼워지기 때문이다. 그런 의미에서도 먼로는 당황해서 도망갈 필요가 전혀 없었다.

그렇다면 습격당한 남편은 어떻게 될까? 습격당했다고는 해도 결과적으로 상대방을 사망에 이르게 했으므로 경찰에게 살인용의로 취조를 받게 된다. 특히 싸움이 있었던 곳이 주변에 사람이 없던 장소이므로 공격을 먼저 한 것이 정말로 어느 쪽인지가 문제가 된다. 또 남편의 변명이 인정되더라도 상대방을 죽였다는 심각한 결과를 초래했으므로, 결국 정당방위가 아닌 과잉방위로 인정될 가능성이 크다. 과잉방위의 경우 범죄 자체는 성립해도(살인죄) 형벌은 평균 6~7년 정도가 된다. 즉, 법과 재판이라는 관점에서 보면 〈나이아가라〉에서는 오히려 습격당한 남편이 불리한 상황에 처해진다고 볼 수 있다.

이상은 먼로의 젊은 정부의 시체가 발견된 시점에서 생각해볼 수 있는 상황이다. 영화에서는 그 후 병원에서 도망친 먼로와 남편이 나이아가라의 버스 터미널에서 다시 만난다. 남편은 "사랑했었는데…"라고 중얼거리면서 먼로의 목을 졸라 죽인다. 남편이 어떤 기분인지는 알겠지만 이는 절대로 해서는 안 되는 행동이다.

물론 살인 자체를 절대 저질러서는 안 되지만, 그보다도 이렇게 또 살인을 저지르게 되면 남편이 더욱 불리한 상황이 되기 때문이다. 질투에 눈이 멀어 아내와 아내의 불륜상대를 모두 죽였다는 의심을 받게 될 것이다.

따라서 처음에 자신이 공격을 당해 맞서 싸운 것이 '정당방위' 혹은 '과잉방위'였다고 주장하기 어려워질 가능성이 있다. 공격을 당해 방어한 것이 아니라 아내의 불륜상대를 먼저 죽이고 아내까지 죽인 것이라고 의심받을 수 있기 때문이다. 증거를 떠나 일반적으로 누구라도 그렇게 생각하기 쉽다.

이렇게 되면 형벌은 사형에 가까워진다. 앞에서 나왔듯이 다른 기회에 두 명을 살해한 경우 극형에 처해질 확률이 상당히 높아진다. (5. 〈죄와 벌〉 편, [재판 들여다보기] '기회의 동일성'의 기준이란? 등 참조) 불쌍한 처지의 남편이 오히려 이런 상황에 빠져버리는 것이다.

'아내의 불륜상대가 나를 죽이려고 했다.' '필사적으로 맞서 싸웠는데 정신을 차리고 보니 상대가 죽어 있었다.' 이런 상황에 빠지더라도 남편은 거기서 참아야만 했다. 이것이 영화 〈나이아가라〉가 주는 교훈이다.

10. 〈재와 다이아몬드〉안제이 바이다
테러리스트는 암살자라도 사형되지 않는다

**무장저항조직에 던진 젊은이의 청춘,
테러행위로 인한 살인은 어떻게 될까?**

안제이 바이다 감독의 〈재와 다이아몬드〉는 공산주의 정권 아래에서 테러를 저지르며 살아가는 젊은이들의 어두운 청춘을 냉철하고 선명하게 그려낸 영화이다.

제2차 세계대전 직후 폴란드는 소련에 의해 해방된다. 하지만 곧바로 공산주의 정권이 수립되고, 그와 동시에 자유주의 반정부 조직이 활동을 시작한다. 공산주의 정권에 실망한 많은 젊은이들은 자유를 갈망하며 테러조직에 몸을 담게 되며 끊임없는 테러가 반복된다. 주인공은 항상 선글라스와 기관총을 갖고 다니는 거친 젊은이다. 주인공은 바르샤바의 한 싸구려 호텔에서 암살 모의를 한다. 테러는 새로운 조국과 자유를 위해 청춘을 던진 주인공의 모든 것이자 생활 그 자체였다. 이 영화는 북유럽에서 일본으로 날아온 폴란드의 리얼리즘 영화 중 하나이다. 이 영화가 일본에 개봉된 때는 안보투쟁(군사적으로 미국에 의존하던 일본의 방위체제에서 벗어나 독립적인 국가로 나아가자는 움직임)이 일어난 1960년이었다. 그 당시에는 많은 사람들이 공산주의 정권에 달콤한 환상을 갖고 있었다. 안제이 바이다의 〈재와 다이아몬드〉는 공산주의 국가의 실체를 잘 표현한 수작으로 1960년대 젊은이들에게 정치적인 의미로 큰 충격을 주었다.

이 영화에서 진부한 이상이나 감상은 철저히 배제되어 있다. 겉으로는 거칠게 보이지만 실은 여린 내면을 가진 주인공은, 계속해서 이어지는 테러와 암살에 질려 점차 조직에 염증을 느끼기 시작한다. 같은 동포 간의 인정사정없이 죽고 죽이는 싸움 속에서 투쟁의 이념, 정권에 대한 비판, 자유에 대한 동경, 조국에 대한 그의 생각은 하나둘 씩 서서히 퇴색되어 간다. 주인공은 저항조직에서 빠져나와 평범한 생활을 하기를 꿈꾼다. 그래서 마지막으로 테러에 참가한 후 조직에서 탈퇴하기로 결심한다. 주인공의 심경이 변한 이유는 자기 자신을 위해서나 사랑을 위해서가 아닌 그저 스쳐 지나가던 한 웨이트리스 때문이었다. 하지만 테러리스트로서의 삶을 포기하고 새 출발을 하려는 주인공에게 죽음의 그림자가 엄습해온다. 마지막 암살 작전에서 문제가 생겨 주인공은 정부의 보안부대에 쫓기는 신세가 된다. 결국 총을 맞은 주인공은 변두리의 쓰레기장에서 테러리스트로서 죽어간다.

그렇다면 〈재와 다이아몬드〉에 등장한 살인은 어떤 판결을 받게 될지 살펴보자. 일반적으로 훈련된 테러리스트의 살인은 발각되기가 쉽지 않다. 영화 〈재와 다이아몬드〉에서도 마지막 테러 이외에 주인공이 저지른 테러가 표면적으로 드러나는 일은 없었다. 여기서는 암살 작전에 문제가 생겨 드러나게 된 마지막 사건에 대해 살펴보도록 하자.

중요한 인물을 죽이면 형이 무거워질까?

일반적으로 테러를 통한 살인의 가장 큰 특징은 피해자가 중요한 인물이라는 점이다. 영화 〈재와 다이아몬드〉에서 주인공이 마지막으로 노린 목표는 당의 지구위원장이었다. 무차별 테러를 할 때도 있지만 대부분의 경우 테러에서 노리는 목표는 정치적으로나 사회적으로 중요한 사람이다. 중요 인물을 살해하는 경우 일반적인 인물의 살해보다 무거운 형벌이 구형될까?

결론부터 말하면 상대가 대통령이든 국무총리든 피해자가 중요한 인물이라고 해서 사형을 구형하지는 않는다. 형사재판에서는 모든 사람의 목숨은 평등하고 경중이 없다고 보기 때문이다. '하늘은 사람 위에 사람을 만들지 않는다'는 말이 있다. 이런 기본 이념이 바탕에 깔려 있기 때문에 그 사람의 신분이나 지위가 어떻든지 간에 그 이유만으로 피고인을 사형에 처할 수는 없다. 실제 사례로 다이쇼 시대(大正時代: 다이쇼 천황이 재위한 1912~1926년)에 세간을 뒤흔든 유명인 암살사건 중 하라 다카시(原敬)수상 암살사건이 있었다. 당시의 국무총리인 하라 다카시가 도쿄역 앞에서 암살된 사건이었다. 이 사건의 범인에게도 재판에서는 당연히 살인이 아닌 무기징역이 구형되었다.

테러는 강도보다 고상하다?

다음으로 피해자가 아닌 범행 자체에 눈을 돌려보자.

범행의 계획성이란 점에서는 어떨까? 테러행위는 당연히 계획적으로 이뤄진다. 몇 명의 사람이 모여 역할을 분담하고 상대의 동정을 살핀 후 기회를 노려 테러를 시행하는 것이므로 상당히 계획성이 높다고 봐야 할 것이다.

지금까지 몇 번이나 언급했듯이 '범행의 계획성'은 형벌이 무거워지는 중요한 요소 중 하나이다. 그렇다면 고도의 계획성이 인정되는 경우 사형이 구형될 수 있을까? 결론부터 말하면 일본의 재판에서는 피해자의 수가 한 명이면 사형은 되지 않는다. 앞에서도 나왔듯이 한 명을 살해한 경우 사형에 처해지는 것은 몸값 목적의 유괴 살인, 보험금 목적 살인, 강도 살인의 세 가지 유형으로 거의 한정된다(7. 〈사형대의 엘리베이터〉 편 참조). 한마디로 말해 금전을 목적으로 고도의 계획성이 인정되는 경우라고 할 수 있다. 범행에 계획성뿐만 아니라 금전 목적도 있었다는 것이 함께 인정되어야 비로소 한 명 살인이라도 사형이 구형될 수 있다는 말이다. 금품 목적의 살인과 그렇지 않은 살인은 명확히 구별해야만 한다. 금전 목적이었는지 아닌지를 구별하기란 쉽다. 〈재와 다이아몬드〉의 주인공은 금품 목적으로 살해를 한 자들과 다르기 때문에 강도 살인범과 같이 취급해서는 안 된다. 왠지 모르지만 강도 살인에 비해 이념 주장을 기본으로 내세우는 테러가 더 고상해 보이는 느낌이 드는 것도 사실이다. 어쨌든 재판에서는 계획성에 금전 목적이 더해진 경우에나 사형이 적용되기 때문에 테러리스트나 암살자라도 한 명밖에 죽이지 않았다면 사형이 될 가능성은 거의 없다. 즉, 암살자는 살인을 하더라도 자신은 죽지 않는다는 말이다.

'암살자는 죽지 않는다' vs '살인 청부업자는 죽어야 한다'

하지만 잘 생각해보면 이상의 견해에는 다소 문제가 있는 것 같다. 테러에도 여러 가지 종류가 있다. 정치적인 목적이 있는가 하면 종교적인 목적이 있는 경우도 있다. 이념 주장과는 전혀 관계가 없는 옴진리교 사건(사이비 종교의 무차별 테러)과 같은 경우도 있다는 것을 염두에 두어야 한다. 어떤 사람들은 금품 목적으로 살인을 저지른 경우는 물질적인 이유로 살인을 저지르는 저급한 놈들이므로 사형을 해야 마땅하다고 주장하기도 한다. 이렇게 감정적인 면이 너무 관여하는 것도 문제다. 하지만 무엇보다 심각한 것은 이런 관례가 나쁜 쪽으로 이용되어 살인을 하고도 사형을 면하는 경우가 생기기 때문이다. 최근에 일어난 사건 중에 우익단체 대표가 국회의원을 백주 대낮에 찔러 죽인 사건이나, 폭력조직 간부가 선거기간 중에 시장을 사살한 사건 등을 들 수 있다. 이런 정치가 암살사건은 그 배경이나 동기가 상당히 불투명하다. 사회적, 정치적으로 중요한 문제들이 비밀리에 처리되는 것 같은 어두운 느낌을 준다. 하지만 이런 사건들은 금전 목적이 아니기 때문에 모두 무기징역 판결을 받았다. 쉽게 말해 사람을 죽였어도 그것이 한 명이라면 자신은 사형을 면할 수 있게 된다. 다음 예를 살펴보자.

쇼와(昭和: 쇼와 천황이 재위한 1926~1989년)시대 초기에 '혈맹단 사건'이라 불리는 테러사건이 있었다. 승려 이노우에 닛쇼(井上日召)가 이끄는 우익단체가 '1인 1살인'을 신조로 정치계의 주요 인물들을 연이어 암살한 사건이다. 이때 '1인 1살인'을 실행한 단원 두 명은 사형이 아닌 무기징역을 선고받았다. 하지만 둘 다 특사로 석방됐는데, 한 명은 출판사 사장이 되어 경제적으로도 윤택한 삶을 보내게 되었고, 다른 한 명도 도의원이 되어 정치권력을 휘두르게 되었다. 즉, 같은 목적을 가진 동지 두 명이 각자 한 명 씩 목표를 정해 죽인다면 둘 다 문제없이 사회에 복귀할 수 있다는 말이다. 이는 크나큰 모순이다. 금전 목적을 너무 중요시하게 되면 이런 결과를 초래할 수밖에 없다.

이렇게 되면 계획성에 금전 목적이 더해졌는지보다도 계획성이 얼마나 높은지가 더 중요하다고 생각하는 사람도 있을 것이다. 실제 이런 생각에 부합한 판결 사례도 극소수이긴 하지만 있긴 있다. 이것은 아직 정확한 답을 내릴 수 없는 어려운 문제이다. 아마 앞으로 배심원으로 채택된 시민들은 둘 중 무엇에 중점을 둘지 잘 고민해봐야 할 것이다. 테러리스트나 암살자라도 한 명만 죽였다면 사형이 되지 않는다고 했는데, 직업적 암살자의 경우는 조금 다르다. 직업적 암살자, 즉 '살인 청부업자'의 경우 돈을 받고 살인을 대신해주는 대가성 살인에 해당하므로 금전 목적이 있다고 인정된다. 따라서 사형을 면하기가 어려울 것이다. 사이토 다카오의 인기 만화 〈고르고13〉의 주인공인 킬러 '듀크 토고'가 실수를 해 경찰에 잡힌다면 사형에 처해질 것이다.

11. 〈개선문〉 레마르크

애인의 복수를 위한 살인은?

사랑과 복수를 위해 살아가는 망명의사 라비크,

옛 연인을 죽음으로 몰고간 남자를 살해!

파리의 개선문에도 제2차 세계대전이라는 전쟁의 그림자가 엄습한다. 독일의 나치로부터 도망친 망명의사 라비크는 루마니아 출신의 떠돌이 가수 조앙과 센 강의 다리 위에서 운명적으로 만나게 된다. 라비크는 망명으로 인해 자신의 조국도, 의사 자격도, 생활의 터전도 모두 잃어버린다. 미래가 불투명해진 불법 체류자인 라비크는 비슷한 처지의 조앙에게 동질감을 느끼며 가까워진다. 두 사람 모두 전쟁이라는 거대한 역사의 소용돌이 속에서 갈 곳을 잃은 불안정한 존재였기 때문이다. 레마르크의 〈개선문〉은 망명의사 라비크와 가수 조앙의 부평초 같은 불안정한 연애를 그리고 있다. 이 소설은 깜깜한 밤의 작은 희망과도 같은 조앙과의 만남뿐 아니라 라비크의 복수와 살인에 대한 이야기도 함께 그려내고 있다. 어느 날 파리 시내를 걷던 라비크는 잊으래야 잊을 수 없는 인물을 보게 된다. 독일에서 지내던 시절 자신과 연인을 고문하고 연인을 학대한 끝에 죽음에 이르게 한 전 게슈타포 대원이었다. 라비크는 모진 고문과 연인이 학살당했다는 큰 상처를 입고 프랑스로 도망쳐 온 상황이었다. 그를 본 라비크의 마음에 복수심이 불타오른다. 라비크는 복수 대상이 자신을 기억하지 못하는 것을 이용하기로 했다. 환락가를 어슬렁거리던 남자에게 아무렇지도 않게 접근해, 고급 사창가를 안내해주겠다고 속여 차에 태운다. 그리고 그 틈을 노려 남자의 머리를 스패너로 가격한다. 상대방의 숨이 끊어지기 직전, 라비크는 복수의 증거로 자기 손으로 직접 남자를 목 졸라 마지막 숨통을 끊는다. 복수를 끝낸 라비크는 "내일을 알 수 없는 처지지만 사랑도 가져보고 복수도 했으니 그것으로 충분하다"며 혼자 중얼거린다.

불법 체류자였던 라비크는 결국 구속되어 다른 망명자들과 함께 트럭에 실려 행선지도 모른 채 끌려간다. 트럭 안에서 라비크는 고개 숙인 다른 사람들과 달리 홀로 얼굴을 쳐들고 어두운 밤하늘을 바라본다. 그런 라비크를 내려 보듯 어둠 속에서 어스름하게 개선문이 모습을 드러낸다. 라비크는 남자로서 자신이 할 수 있는 모든 것을 했기에 후회는 하지 않았다.

작가 레마르크는 제1차 세계대전 때 군인으로 전쟁에 징집되어 서부전선에서 다섯 번이나 부상을 당하며 조국 독일을 위해 싸웠다. 그럼에도 불구하고 제2차 세계대전 때 독일의 나치에 의해 위험인물로 지정되어 국적을 박탈당하고 국외 추방 처분을 받는다. 그는 실제로 유럽, 미국 등을 전전하며 힘든 망명생활을 해야 했다. 소설 속에서 라비크의 한탄은 레마르크 자신의 한탄이었는지도 모른다.

복수를 위한 살인은 얼마나 정상참작이 될까?

그렇다면 라비크가 저지른 복수를 위한 살인은 재판에서 어떤 판결을 받게 될까? 예를 들어 자식을 잃은 부모가 자식을 죽인 범인을 살해함으로써 복수를 한다면 어떻게 될까? 혹은 능욕당하고 살해당한 아내의 복수를 위해 범인을 살해했다면 어떻게 될까? 이런 '복수 살인'의 유명한 예로 1981년 서독에서 일어난 '마리안 바하마이어 사건'을 들 수 있다.

이는 어린 딸을 잃은 부모가 법정에서 범인을 총으로 쏴 죽인 사건이다. 마리안이라는 여자의 어린 딸이 폭행당하고 살해된 채 유기되었는데, 사건의 두 번째 공판 날 마리안이 피고인을 총으로 저격한 충격적인 사건이었다.

서독 법원에서 마리안에게 내린 형벌은 징역 6년이었다. 이 경우 형을 대폭으로 낮추는 것이 당연하다고 생각될지도 모르겠다. 마리안의 억울한 사정을 참작해 형을 크게 줄여줘야 하는 것이 당연하게 보이기도 하지만 그런 관점은 문제도 포함하고 있다.

자식이나 아내를 위해 저지른 복수가 정상참작이 되기 위해서는, 아이나 아내가 그 상대로 인해 죽었다는 사실이 확실해야 한다. 그것이 복수가 될 만한 이유, 즉 사건의 대전제가 된다. 그런데 실제 '복수 살인'에는 이 점이 명확하지 않은 경우가 많아서 문제가 된다. 재판에서는 판결이 확정되기 전까지는 피고인을 무죄로 보는 '무죄추정의 원칙' 때문에, 판결이 나기 전까지 피고인은 무죄로 간주된다. 마리안 바하마이어 사건도 판결 전이었기 때문에 엄밀히 말해 공식적으로 피고인에 의해 딸이 살해되었다고 인정되지 않는 상황이었다. 복수 살인이 문제가 되는 대다수의 경우가 이런 식이다.

최근 일본에서 일어난 사건 중 피고인 어머니의 죽음이 타살인지 자살인지가 문제가 된 적이 있었다. 이 사건에서 자신의 아버지를 죽인 피고인은 아버지가 자신이 너무나도 사랑하던 어머니를 죽였기 때문에 복수 살인을 한 것이라고 주장했다. 사실 피고인의 어머니는 의문사였는데, 평소 어머니를 차갑게 대하던 아버지가 어머니를 죽였다고 생각한 피고인이 복수를 위해 아버지를 죽인 것이라고 주장했다.

하지만 법원은 어머니의 의문사를 자살로 보았고, 아버지의 차가운 태도가 어머니를 자살로 몰고 간 것뿐이지 직접적으로 살해했다고는 볼 수 없다고 판단했다. 이런 경우 기껏해야 어머니를 자살로 몰고 간 정도의 아버지를 살인을 통해 복수한 것이 되어 버린다. 무엇을 위한 복수인지 정확한 의미를 알 수 없게 된다. 이런 경우는 그다지 정상참작이 되지 않는다. 이 사건은 '복수'를 정당화하는 타당한 근거가 없었기 때문에 특별히 정상참작할 필요가 없다는 판결이 나왔다. 또 다른 문제로는 누구를 위한 복수인지 하는 것이다. 자기 아이나 부인이라면 그다지 문제가 되지 않지만, 이것이 만약 형제를 위한 복수라면 어떨까? 아니면 조카를 위해서라면, 혹은 애인이나 친구를 위해서라면? 더 나아가 자기 두목을 위해서거나 아니면 귀여워하던 애완동물을 위해서라면? 도대체 누구를 위한 복수인지 제한이 없어진다. 실제로 두목이나 부하의 원수를 갚기 위한 '보복 살인'은 전혀 정상참작이 되지 않는다.

주인공 라비크의 복수에는 문제가 있다

이상의 논법으로 보면 라비크의 살인도 그다지 정상참작이 되지 않는다. 라비크 자신은 연인을 학대해 죽인 남자에게 복수를 했다고 생각할지 모르지만 사실 옛 연인이 사망한 원인이 그 남자에게 직접적으로 있다고 보기 어렵기 때문이다. 라비크의 연인은 게슈타포 대원에게 고문을 당한 후 사흘 뒤 여자 강제수용소에서 목을 매 자살했다. 즉, 학대받아 죽은 것이 아니라 극심한 학대로 자살할 수밖에 없는 상황이 되어 스스로 목숨을 끊은 것이다.

라비크는 학살되었다고 표현할 수 있겠지만 객관적으로는 그렇다고 할 수 없다. 자살하도록 궁지에 몰아넣은 것 자체는 복수의 근거로는 약하기 때문에 실제 재판에서는 그다지 정상참작이 되지 않을 것이다. 또 '옛 연인'을 위한 복수라는 것도 문제가 있다. 라비크의 연인은 무엇 하나 부족함 없이 자란 부유한 여성이었다. 둘은 서로 부담 없이 식사를 하거나 연극을 보며 데이트를 즐겼다. 물론 그녀는 그 당시 라비크와 가장 친했던 이성 친구였긴 했지만 그 관계가 배우자나 약혼자에 버금가는 심각한 관계였다고 할 수는 없다.

결국 라비크의 복수 살인은 전형적인 복수 살인(아내나 자식이 살해당해 어쩔 수 없이 복수한 경우)과는 상당히 거리가 있다. 그저 자기 자존심을 위해, 나쁘게 말하면 자기만족을 위해 저지른 복수로 보일 가능성이 크다.

애수에 찬 주인공 라비크에 대한 형벌은 의외로 무겁다

라비크가 저지른 살인은 형이 무거워지는 확실한 요소를 포함하고 있다.

그렇다면 소설 속 살인의 자세한 경위를 살펴보도록 하자. 라비크는 우연히 자신의 원수가 파리의 환락가를 어슬렁거리는 것을 보고 일부러 남자에게 접근해 고급 사창가로 안내하겠다고 속여 차에다 태운다. 그리고 급브레이크를 밟아 남자가 차 안에서 머리를 부딪쳐 당황한 틈을 노려 스패너로 머리를 몇 번 내리친다. 저항할 수 없는 상태가 될 때까지 고통을 가한 뒤, 마지막으로 직접 자기 손으로 상대의 목숨을 빼앗아 복수하기 위해 저항능력이 전혀 없는 남자의 목을 졸라 숨통을 끊는다. 그리고는 인기척이 드문 교외에 시체를 유기하는데 그때 신원을 감추기 위해 얼굴을 스패너로 몇 번이나 내리쳐 남자의 얼굴을 짓뭉개버린다. 그리고 남자의 지갑이나 신분증 등 그의 신원을 증명할 만한 것을 모조리 없앤 후 지갑에서 돈을 꺼낸다. 마지막으로 만전을 기하기 위해 의복까지 벗긴 후 묻어버린다. 이는 빈틈없는 고도의 계획 살인이라고 할 수밖에 없다. 따라서 표준적 살인사건(충동적인 살인)과 비교해 상당히 무거운 형이 구형될 것이다. 결국 라비크의 범행은 복수를 위한 살인이었다는 점을 고려하더라도 징역 15년을 넘어 17~18년까지 갈 가능성이 있다.

강도 살인과 '살인+절도'의 차이

강도 살인은 단순 살인보다는 심각한 범죄로 취급된다. 강도 살인이 성립되기 위해서는 살해하기 전에 범인이 물건을 훔칠 의도가 있었어야 한다. 결과적으로 물건을 훔치긴 했어도 살해 후에 물건을 훔치려는 생각이 든 경우는 '살인+절도'가 된다. 이것은 본문에 나온 라비크의 범행을 보면 잘 알 수 있다. 라비크는 상대를 살해한 후 지갑에서 지폐를 꺼내는데 그렇다고 해서 라비크가 강도 살인범이 되지는 않는다. 지폐를 꺼냈으므로 절도는 되지만 그것은 살인과 직접 관계가 없는 행동이기 때문이다. 따라서 라비크의 혐의는 '살인+절도'이지 강도 살인이 되는 것은 아니다.

12. 〈네 멋대로 해라〉 장 뤽 고다르
묻지마 살인은 중벌에 처해질까?

경찰을 너무나도 쉽게 사살한 주인공,
경찰관 살해는 사형일까?

장 뤽 고다르의 데뷔작 〈네 멋대로 해라〉는 근대영화사에서 '누벨바그'의 대표작이라 불리고 있다. 즉흥연출, 자연광을 최대한 살린 촬영, 본격적인 동시녹음. 점프 컷(jump cut)이라 불리는, 연속성을 깨뜨리는 편집방법과 같은 새로운 영화의 수법은 당시 획기적이라는 평가를 받았다. 〈네 멋대로 해라〉는 공개와 동시에 참신함으로 큰 화제를 불러 모았고 고다르는 일약 누벨바그의 기수로 도약한다. 이 영화는 프랑스 영화의 새로운 물결(누벨바그)이 되어 전 세계 영화 제작자들에게 많은 영향을 끼치게 된다. 여기서 우리가 살펴볼 것은 물론 그런 영화적 의미가 아니라 장 폴 벨몽도가 연기하는 주인공 미셸이 저지른 범죄이다.

영화에서 미셸의 범죄는 가볍고 심각하지 않게 그려지고 있다. 미셸은 자동차 좀도둑이다. 그날도 훔친 차를 타고 내연관계에 있는 미국여자를 만나러 가고 있었다. 그는 차의 대시보드에 있던 총을 꺼내 아무 생각 없이 혼자 장난을 친다. 앞 차나 마주 오는 차를 향해 총을 쏘는 흉내를 내기도 하고 태양을 향해 총을 빵빵 쏘는 시늉을 하기도 한다. 기분이 좋아진 그가 속도를 높이자 단속용 경찰 오토바이가 그를 뒤쫓아 온다. '단속 오토바이 따위가 내 데이트를 방해 할쏘냐'며 도망치지만 운 나쁘게도 훔친 차의 엔진이 고장나버린다. 미셸은 갓길에 차를 세운다. 그리고 조금 전까지 갖고 놀던 총으로 다가오던 경찰을 그대로 쏴버린다. 미셸은 경찰을 쏴 죽였음에도 불구하고 아무런 마음의 동요도 느끼지 못한다. 아무것도 변한 것은 없었다.

미셸은 뻔뻔하게도 전에 사귀던 다른 여자 친구에게 돈을 빌리러 찾아간다. 당연히 보기 좋게 거절당하지만 그 여자가 옷을 갈아입고 있는 사이 핸드백에서 돈을 훔친다. 또 번화가의 한 백화점 화장실에 들어가 우연히 화장실에 있던 남자의 돈까지 빼앗는다. 그는 훔친 차를 중고차 가게에 팔러 가는데 가게 주인이 자신을 의심하자 폭력을 행사한다. 이렇게 그는 계속해서 마음 내키는 대로 제 멋대로 행동을 한다. 자업자득이라고 했던가, 결국은 내연관계에 있던 미국여자가 그를 경찰에 밀고한다. 경찰에 쫓겨 비틀거리다 길거리에 쓰러진 그에게 미국여자가 다가온다. 그러자 그는 미국여자를 향해 "넌 나쁜 년이야!"라고 욕을 하며 영화는 막을 내린다. 누가 봐도 자기가 나쁜 놈인데 오히려 다른 사람을 나쁜 놈이라고 욕하는 주인공의 모습을 표현한 것은 고다르다운 표현법이었다. 장 폴 벨몽도가 연기하는 미셸이 그다운 이유이다.

주인공은 자신을 쫓아온 경찰을 쏴 죽이는데, 흔히들 경찰을 죽이면 사형이라는 말을 하곤 한다. 우선 이 점에 대해 알아보자.

실제 재판에서는 경찰을 죽였다고 해서 사형을 구형하지는 않는다. 형사재판에서는 피해자의 목숨 가치는 똑같다고 보기 때문에 피해자가 경찰이라고 해서 범인을 사형시키지는 않는다는 것이다. 이것은 앞에서도 나왔다. (10. 〈재와 다이아몬드〉 편 참조) 물론 상식적으로 경찰 살해범을 사형에 처하지 않으면 치안이나 법질서가 유지되기 힘들다고 생각할 수도 있다. '경찰을 죽이면 사형'이라는 것은 피해자의 목숨 가치와는 별개로 그런 관점을 표현하는 것인지도 모르겠다. 하지만 단순히 그것만으로 형을 무겁게 할 수는 없다. 더욱이 이런 정치적인 이유로 사형을 내리는 것 자체가 불가능하다. 결국 '경찰을 죽이면 사형'이라는 말은 속설에 지나지 않는다.

경찰 살해에 대한 형벌이 무거운 이유

경찰을 죽이면 사형이라는 말은 잘못된 것이지만 경찰을 죽이면 통계적으로 무기징역과 같은 중형을 구형받게 되는 것은 사실이다. 그 이유는 다음과 같다.

우선 경찰 살해의 경우 계획적인 범행일 때가 거의 대다수이다. 무기를 갖고 있는 경찰을 살해하려면 당연히 계획을 짜고 철저히 준비하지 않으면 성공하기 어려운 일이기 때문이다. 확고한 의지와 고도의 실행력이 요구되는 경우가 많다. 만약 쉽게 도망가거나 포기할 거라면 처음부터 경찰을 죽일 생각도 하지 않았을 것이다. 과격분자가 정치적 목적으로 무기를 사용해 파출소를 습격하는 것이 전형적인 예다. 다른 각도에서 말하자면 경찰 살해에 대한 형벌이 무거운 이유는 상대가 경찰이라거나 치안유지를 위한 이유라기보다, 범행의 계획성과 같이 일반적으로 형벌이 무거워지는 요소를 포함하는 경우가 많기 때문이다.

여기서, 일반적으로 죄질이 무거워지는 요소를 살펴보자.

우선 앞에서 자주 나온 ①범행의 계획성을 들 수 있다. 이 계획성 외에는 범행의 ②잔혹성, ③집요성, ④흉악성 등을 들 수 있다. 예를 들어 살아 있는 사람에게 가솔린을 뿌려 태워 죽이는 경우 ②잔혹성이 있다고 본다. 물론 모든 살인은 잔혹하다고 할 수 있겠지만 사람을 살아 있는 상태에서 태워 죽이는 경우 잔혹성의 정도가 더 심하다고 인정된다. ②잔혹성의 수준은 형벌을 정하는 데 상당히 중요한 요소가 된다.

사람을 둔기로 여러 번 때려 살해한 경우를 보자. 이런 경우는 ③집요성과 관계가 있다. 이 경우도 당연히 잔혹하고 흉악하다고 생각할 수 있다. 그러나 곰곰이 생각해보면 이 범행의 가장 큰 특징은 수법의 집요성이라 할 수 있다.

스토커 살인의 경우도 ③집요성과 관계가 있다. 이 경우 범행 자체가 집요하다기보다 범행에 이르기까지의 경위를 포함한 전체적인 집요성이 인정된다.

강도가 심야에 집에 칼을 들고 쳐들어와 무차별적으로 가족을 찔러 죽이는 경우는 어떨까? 이런 경우 ④흉악성과 관계가 있다. 이런 경우 집요하다고 할 수도 있으나 극악무도한 범죄 형태로 보아 ④흉악성에 가장 가깝다고 볼 수 있다. 아까 경찰 살해는 확고한 의지와 고도의 실행력이 요구되는 경우가 많다고 했는데, 이 경우는 흉악성이 매우 높다고 할 수 있다.

〈네 멋대로 해라〉의 범죄는 형이 무거워지지 않는다

그렇다면 지금 살펴본 '형벌이 무거워지는 요소'를 미셸의 살인에 대입해보자. 미셸은 훔친 차를 타고 가던 중 경찰에 쫓기게 된다. 이대로는 도난 차량이라는 것을 들킬까봐 두려워, 갖고 놀던 권총으로 아무 생각 없이 한 발을 발사했다. 이 상황에서는 '계획성', '잔혹성', '집요성', '흉악성' 중 확실히 해당되는 사항을 찾기 힘들다. 물론 총기를 이용한 점은 흉악성에 해당된다. 하지만 미셸의 경우 앞에서 나온 '확고한 의지와 고도의 실행력'이 있다고 보이지는 않는다. 즉, 경찰 살해사건에서 자주 볼 수 있는 '강도 높은 흉악성'을 찾을 수가 없다. 미셸의 경찰 살해는 우연하고 즉흥적으로 나온 행동이었다. 특별한 이유나 생각 없이, 그 자리에서 상황에 맞춰 저절로 나온 행동이다. 즉, 철저하지 않은 살인, 얼떨결에 저지른 살인이기 때문에 이런 살인은 결과적으로 형이 무거워지지는 않는다.

고다르도 법원도 누벨바그

사람에 따라서 왜 형벌이 무거워지지 않는지 의아해하는 경우도 있을 것이다. 〈네 멋대로 해라〉에서 미셸은 경찰이 따라왔다는 이유만으로 총을 쏘고 그 이후에도 반성하기는커녕 여자 친구의 핸드백에서 돈을 훔치고 화장실에서 모르는 남자의 돈을 뺏고 마음에 안 드는 중고차 가게 사장을 때리고 급기야 길을 걸어가던 여성의 치마를 들추는 등 끊임없이 나쁜 행동을 한다. 당연히 상식적으로나 도덕적으로 비난받아 마땅한 행동들이다.

하지만 앞에서 나왔듯이 형사재판은 결코 인간성 자체만으로 판결을 내리지는 않는다. (3. 〈이방인〉 편 참조) 형벌은 윤리나 도덕과는 다르므로 재판에서 도덕을 강요해서는 안 된다. 법원은 세간의 도덕과는 확연히 구분되어야 한다. 그런 의미로 법원도 '누벨바그'라고 할 수 있다. 결국 미셸에 대한 판결은 총기를 사용한 점과 치안과 법질서를 지키기 위해 경찰 살해범의 형을 무겁게 해달라는 일반적인 요청을 고려하더라도 잘해야 징역 17~18년이 될 것이다. 바로 앞에서 나온 〈개선문〉의 라비크와 비슷하다. 법원에서는 〈네 멋대로 해라〉의 불량배 미셸도, 〈개선문〉의 애수에 찬 망명의사 라비크도 같은 취급을 받게 된다.

13. 〈적과 흑〉 스탕달
치정에 의한 살인죄는 가벼운가, 무거운가?

소설의 모델이 된 실제 사건

스탕달의 〈적과 흑〉은 프랑스 왕정복고시대를 배경으로 가난한 목수의 아들 줄리앙 소렐의 야망과 연애를 통해 당시 대두되던 시민계급의 심리를 생생하게 묘사한 소설이다. 작품의 줄거리 자체는 당시의 사형 재판기록에서 따온 것이다. 이 소설은 스탕달이 활약했던 시기에 프랑스에서 실제 일어난 스캔들을 모델로 하고 있다. 전 신학생인 베르테가 성당에서 미슈 부인을 권총으로 쏴 중상을 입히고 사형선고를 받게 된 일명 '베르테 사건'이다.

베르테 사건에서 피고인은 미사 중 기도를 하는 피해자를 총으로 쏘는 극단적인 범행을 저지르는데, 그 극적인 범행 내용은 그대로 이 소설의 주제가 된다. 또 범행의 배경을 살펴봐도 가난한 대장장이의 아들 베르테가 유력한 미슈 가문에 가정교사로 들어 가며 부인과 친밀한 관계가 되었다. 하지만 이 때문에 미슈 가에 서 쫓겨나게 된 것, 그 뒤 다른 유력 가문에 들어가 그 가문의 딸과 관계를 맺은 것 등 중요한 상황들을 전부 소설 속에 담았다. 물론 주인공이 사형선고를 받는다는 결말도 똑같다. 단, 소설과 실제 사건에는 조금 차이점이 있다. 〈적과 흑〉에서는 주인공 줄리앙 소 렐이 피해자(레날 부인)가 보낸 편지 때문에 부인을 총으로 쐈다. 피해자의 집에서 쫓겨난 후 새로 들어간 후작 가문 앞으로 레날 부인이 줄리앙의 과거를 폭로하는 편지를 보냈기 때문이다. 그 편 지로 인해 줄리앙의 계획이 순식간에 무너지게 되자, 화가 머리끝 까지 치밀어 범행에 이르게 된 것이다. 그런데 실제 사건에서는 편지를 보낸 사람과 받은 사람이 반대다. 즉, 베르테가 피해자(미 슈 부인)에게 비난의 편지를 보냈다.

〈적과 흑〉이나 베르테 사건이나 결말은 똑같이 사형이었다. 그 렇다면 여기서 만약 이것이 일본에서 열린 재판이었다면 어떤 형 벌을 받았을지 생각해보자. 다음으로 치정에 의한 살인의 경우 어떤 점들이 중요 사항이 되는지를 살펴보도록 하자. 마지막으로 〈적과 흑〉과 '베르테 사건'을 비교하며 두 사건의 작은 차이점이 사건 양상을 어떻게 변화시키는지 살펴보자.

줄리앙 소렐이 레날 부인을 쏜 죄는 실제로 징역 10년 이하이다.

〈적과 흑〉에서 줄리앙 소렐은 레날 부인을 총으로 쐈고, 실제 베르테 사건에서 베르테는 미슈 부인을 총으로 쐈다. 양쪽 모두 피해자는 상처만 입었을 뿐 사망하지는 않았다. 즉, 이것은 살인 죄가 아닌 살인미수죄이다. 살인미수의 경우 살인과는 확실히 구별해서 생각해야 한다. 인명중시 관점에서 보면 그 전 상황이야 어찌되었건 목숨만은 잃지 않았다는 점이 중요하기 때문이다.

그렇다면 살인미수의 경우 살인에 비해 어느 정도 형이 감형될까? 이는 사건에 따라 큰 차이가 나기 때문에 한마디로 정리할 수는 없다. 왜냐하면 같은 살인미수라고 해도 피해자가 전혀 상처를 입지 않은 경우부터 심각한 중상을 입은 경우가 있기 때문이다. 거기다 사용된 흉기에 따라서도 위험성 정도가 크게 달라진다. 그래도 굳이 따져보자면 일본의 경우 징역 4~5년의 경우가 평균이라 할 수 있다. 〈적과 흑〉의 레날 부인도 베르테 사건의 미슈 부인도 부상을 당하지만 그 후 금세 회복이 된다.

따라서 〈적과 흑〉이건 베르테 사건이건 사형이라는 결론은 타당치 않다는 것을 쉽게 알 수 있다. 특히 베르테 사건의 경우 실제 사건이 일어난 200년 전에나 사형이 가능한 일이었지 지금으로는 상상도 할 수 없는 일이다.

살인미수에 대한 형벌

여기서 살인미수에 대한 형벌에 관해 좀 더 상세히 살펴보도록
하자.

앞서 말한 대로 살인에 비해 얼마나 형이 가벼워질지는 '피해자
에게 생긴 상처의 정도'와 '범행이 생명에 얼마나 큰 위협이 되었
는지'와 같은 두 가지 사항에 따라 결정된다. 전자는 '결과'이고 후
자는 '행위의 위험성'이다.

전자의 경우 ①피해자가 상처를 입지 않았거나 가벼운 상처를
입은 경우, ③심각한 중상이나 후유증이 남을 정도의 중상을 입은
경우, ②그 중간의 경우와 같이 세 단계로 크게 구별된다.

후자는 흉기가 사용되지 않은 경우(맨손으로 목을 조르는 등), 통상
적인 흉기가 사용된 경우(둔기, 칼 등), 통상적이지 않은 흉기가 사
용된 경우의 세 가지로 나눠진다.

미수의 경우, 판결하는 사람은 이 두 가지 관점을 적절히 적용시
켜 판결할 필요가 있다. 그렇기 때문에 살인죄보다 무거운 형벌이
구형될 가능성은 전혀 없다. 예를 들어 흉기를 사용하지 않았지만
아이의 목을 졸라 심각한 중상을 입혔다고 치자. 이런 경우 흉기
가 사용되지 않았다고 해도 그것이 얼마나 큰 의미가 있는지 의문
을 느끼는 사람도 있을 것이다. 하지만 유아를 칼로 찔러 중상을
입힌 사건을 생각해보면, 형벌을 정할 때 흉기를 사용했는지 아닌

지를 간과해서는 안 된다는 말이 이해가 갈 것이다.

반대로 총을 난사했는데도 피해자가 아무런 상처를 입지 않았을 경우를 생각해보자. 이 경우 운이 좋아 사람들이 기적적으로 살아난 것일 뿐이지 총기난사 자체는 흉악한 범죄행위이므로 살인죄보다 형을 낮춰줄 필요는 없다고 생각하는 사람도 있을 것이다. 그러나 아무리 총을 난사했더라도 사람들이 무사했는데 이를 사망사건과 같은 형벌에 처하는 것은 과하다고 할 수 있다.

결국 앞에서 언급한 '결과'와 '행위의 위험성'의 조합을 분류해 (①부터 ③까지) 여러 사례에 비춰 전반적으로 죄질을 파악하는 것이 중요해진다. 앞에서 일본의 경우 징역 4~5년을 받는 경우가 많다고 했는데, 이것은 피해자의 사상 정도가 중간인 경우로 통상적인 흉기가 사용된 경우일 때를 말한다(②). 그렇다면 〈적과 흑〉의 줄리앙 소렐이나 베르테가 저지른 사건으로 다시 돌아와보자. 이 사건은 권총이 사용된 미수사건이다. 둘 다 피해자는 상처를 입었지만 금방 회복이 되었다. 이것을 앞에서 나온 '결과'와 '행위의 위험성'을 토대로 어떤 조합에 해당하는지를 생각해보자. 이 경우 ② (결과 = 중간 정도, 행위의 위험성 = 통상적이지 않은 흉기)가 된다.

그렇다면 이 사건에 대한 형벌은 평균적인 징역 4~5년보다 무거운 징역 8~9년 정도가 될 것이다.

치정에 의한 살인은 형벌이 가벼워진다

　살인사건이건 살인미수사건이건 치정에 의한 사건은 일반적으로 재판에서 형이 가벼워지는 경향이 있다.

　남녀 강제동반자살과 같은 경우를 생각해보면 쉽게 이해가 갈 것이다. 강제동반자살이란 상대의 의지를 무시하고 강제적으로 같이 죽기를 강요하는 행위이므로 상대의 목숨을 빼앗는 것과도 같다. 즉, 살인죄에 해당한다. 하지만 이것이 보통 살인과는 조금 다르다는 점은 확실하다. 강제동반자살을 시도했지만 살아난 사람을 단순히 흉악살인범 취급할 수는 없다. '극악무도한 살인범'이라기보다는 '그렇게까지 할 수밖에 없었을까?'라는 생각이 드는 것이 보통이다. 강제동반자살까지는 아니더라도 남녀관계의 경우 사랑에 눈이 멀어 다소 앞뒤 가리지 못하게 되는(사랑하면 장님이 된다) 경우가 많다. 또 남녀관계에서는 항상 인간적인 갈등이 생길 수밖에 없다. 얽히고설킨 남녀관계의 경우 애정이나 증오의 감정에 젖어 감정이 격해지기 쉽고 냉정한 판단을 할 수 없게 된다는 것에는 누구나 공감하게 된다. 이런 이유 때문에 치정에 의한 사건은 일반적으로 형이 가벼워진다. 〈적과 흑〉의 줄리앙 소렐을 이러한 사항에 대입해보자.

　레날 부인과의 관계를 일단 청산하고 파리로 간 줄리앙 소렐은 후작 가문의 딸을 유혹해 출세를 꾀한다. 귀족 출신의 여성과 사귀게 되며 꿈에 그리던 출세 길에 첫 발을 내딛는다. 하지만 영광의 발걸음을 내디디려고 하는 순간 레날 부인이 후작에게 편지를 보내 줄리앙의 과거 행적을 폭로하게 되면서 줄리앙의 출세에 대한 꿈은 산산조각이 난다. 새로운 연인을 통해 레날 부인이 보낸 편지의 존재를 알게 된 줄리앙은 화가 머리끝까지 치민다. 곧장 파리로 가 총을 구입하고, 성당에서 일요일 미사를 드리고 있던 부인을 향해 그 자리에서 총을 쏜다. 이것은 줄리앙이 일시적으로 흥분한 상태에서 벌인 행위이므로 충동적 살인에 해당한다. 범행의 동기는 어떨까? 줄리앙의 경우 자기 출세 길을 방해받은 것에 대한 강한 분노가 서려 있지만, 전체적으로 보면 남녀관계로 인한 것이라 할 수 있다. 줄리앙이 레날 부인을 죽이기로 결심한 것은 자신의 출세 길을 막은 것이 다름 아닌 자신의 전 연인이었기 때문이다. 거기에는 남녀관계에서 발생하는 복잡한 심리상태가 바탕에 깔려 있다. 이 살인을 단순히 출세 길을 방해한 것에 대한 복수로 보는 것은 적절하지 않다.

정리하면 줄리앙 소렐의 범행은 '치정에 의한 충동적 살인미수'라 할 수 있겠다. 결국 그에 대한 최종적인 형벌은 대략 징역 8~9년(살인미수 ②)보다는 가벼울 것이다.

치정이 낳은 살인에 대한 형벌이 무거워지는 경우는?

그렇다면 실제 베르테 사건의 경우는 어떨까?

스탕달은 베르테 사건의 내용을 거의 그대로 〈적과 흑〉의 이야기에 이용했다. 다만 앞에서도 나왔듯이 편지에 대한 상황만 조금 다르다. 실제 사건에서는 미슈 가문에서 쫓겨난 베르테가 자신의 불행을 미슈 부인 탓으로 돌리는 원망의 편지를 자주 보냈다고 한다. 그리고 '이대로는 도저히 참을 수 없다'는 예고 편지를 보낸 후 실제로 미슈 부인에게 총을 쏘는 사건을 일으킨다. 재판에서도 자신은 미슈 부인과 불륜관계였다며 부인과의 관계를 폭로한다. 하지만 사람들은 평소 미슈 부인이 정숙하고 평판이 좋았기 때문에 그저 가난하고 병약한 베르테를 동정하여 친밀한 관계가 된 것뿐이라고 생각한다.

이렇게 되면 사건이 풍기는 이미지가 상당히 달라진다. 치정사건이라고는 하지만 그보다 호의를 원한으로 갚은 사건인 것처럼 보인다. 이런 경우 재판에서 사건을 보는 관점이 달라져 형이 가벼워지기는커녕 오히려 더 무거워진다. 이렇듯 재판이라는 관점에서 보자면 스탕달의 〈적과 흑〉과 베르테 사건은 실로 큰 차이를 보이게 된다. 원래 남녀관계란 야릇한 것이어서 치정에 의한 사건은 이러한 미묘한 차이로 인해 사건을 보는 관점이 달라질 수밖에 없다.

그렇다면 베르테 사건처럼 호의를 원한으로 갚은 경우 어째서 형이 무거워질까? 이 경우도 넓은 의미로는 치정에 의한 사건이라 볼 수 있다. 앞에서 치정살인에 대한 형벌이 가벼워질 수 있는 이유 중 하나로 남녀관계에서는 냉정한 판단이 어려워져 흥분된 상태로 갑자기 일을 저지를 수 있기 때문이라고 했다. 호의를 원한으로 갚은 사건도 이런 심리상태에서 저지른 범행이다. 하지만 그럼에도 불구하고 이런 경우는 왜 형이 무거워질까?

그것은 형벌을 무겁게 하는 요소 중 하나인 '범행의 집요성' 때문이다. 호의를 원한으로 갚은 범행은 '집요성'이 있다고 판단되는 경우가 많다. 형이 무거워지는 요소로 '범죄의 계획성'을 주로 언급했는데, 그 외에도 '범행의 잔혹성', '집요성', '흉악성' 등을 들 수 있다. 이것들도 이미 앞에서 언급했다(12. 〈네 멋대로 해라〉 편 참조).

베르테 사건에서 베르테는 미슈 부인을 탓하는 편지를 자주 보냈다. 급기야 사건을 예고하는 편지를 보낸 후 실제로 사건을 일으켰다. 이런 그의 일련의 행동에는 '집요성'이 있다고 보인다.

범행의 집요성이라는 것은 형벌이 무거워지는 요소 중에서도 상당히 중요도가 높다. 따라서 이 범행은 치정에 의한 범행이므로 형이 가벼워질 요소를 갖고 있으나 집요성에 의해 형이 무거워질 요소도 동시에 갖고 있는 것이다. 따라서 두 요소를 플러스마이너스 해보면 결과적으로 형이 무거워지는 쪽에 가까워진다. 요즈음

치성사건 중 스토킹이라는 범죄가 있다. 스토커의 경우(스토커 살인) 매우 강한 집요성이 인정되므로 남녀관계에서 기인하는 범죄라도 상당히 무거운 형이 구형될 것이다.

14. 〈대부〉 프란시스 코폴라
마피아와 폭력조직이 관련된 살인

폭력조직끼리의 살인을 가볍게 보는 불가사의

영화 〈대부〉는 전 세계적으로 기록적인 흥행을 올린 영화이다.

이 영화는 작곡가 니노 로타(Nino Rota)의 애절하고도 달콤한 멜로디를 배경으로 한 마피아 영화 중에서도 걸작이다. 영화에서는 인정사정없는 폭력과 총탄 세례가 난무하고 시체들이 굴러다닐 정도로 잔인한 장면들이 속출한다.

거의 비슷한 시기에 일본에서도 폭력조직 간의 다툼을 다룬 〈의리 없는 전쟁〉이 개봉되었다. 이 영화도 폭발적인 인기를 누리며 시리즈로 만들어졌다.

폭력조직이나 마피아는 우리 현대인들에게는 잃어버린 무언가를 불러일으키는지도 모른다. 앞에서는 '폭력 반대'라든가 '폭력 조직 근절' 등에 대해 내놓고 말하지만, 역시 힘의 세계에 대한 동경은 어느 시대나 존재한다. 게다가 일반인들에게 해를 가하지 않는다면, 폭력조직 간의 피의 투쟁이나 의리 없는 전쟁이 펼쳐져도 별로 상관하지 않게 된다. 그래서 재미있으면 그만이라는 생각을 하게 되는 것이다. 폭력조직들끼리의 암투는 실제 재판에서도 형이 가벼워지는 경우가 있다. 살인을 저질러도 가볍게 봐주는 경향이 있는 것이다. 법무성의 공식자료에 의하면 세 명 이상 살해를 하더라도 사형을 선고받지 않는 열외적인 경우로 '가족 동반자살' 등과 함께 '폭력조직 암투'가 열거된다.

물론 가해자 쪽의 폭력조직원이 우위라는 것도 아니며 피해자가 된 폭력조직원의 생명이 존중되어지지 않았다는 것도 아니다. 서로가 목숨을 건 싸움을 하고 있기 때문에 우연히 가해자가 된 것이며, 반대로 자신이 살해당한 입장이라도 별다른 의문을 갖지 않는 상황이기 때문이다. 그리고 발생하는 사건들도 특수집단답게 특별한 성격을 띠게 되는 경향이 있다. 일본의 경우, 살인사건 중에서 폭력조직원과 관계되는 일이 상당히 많다. 여기서 폭력조직원이 관계된 살인사건에 대해 알아보도록 하자.

폭력조직원에 의한 일반시민의 살해는 엄벌에 처한다
그렇다면 시민에 의한 폭력조직원의 살해사건은?

폭력조직원들 간의 살인이라는 전제에서 폭력조직원 간의 싸움에 대한 형벌은 가볍게 취급한다. 물론 일반인을 싸움에 휘말리게 할 경우 형벌이 경감되는 일은 없다. 일반인이 폭력조직 간의 대립에 휘말리는 예가 몇 가지 있다. 라이벌 관계의 조직 간부가 입원한 병실을 착각하고 일반인 병실에 쳐들어가 살해한 일, 폭력조직 간부가 이사한 사실을 모르고 새로 이사 온 일반인을 살해한 일, 광역 폭력조직 간부를 제거하기 위해 호텔 라운지에서 쏜 총이 일반인에게 맞아 사망한 일 등이 있다. 폭력조직원이 고의적으로 일반인을 살해하려는 의도가 아닌 '오해 살인'과 '오발'이다. 그러나 일반인이 휘말려도 상관없다는 의사를 갖고 살인을 저질렀다면, 이는 가볍게 다뤄지지 않을 뿐더러 명백히 엄벌에 처해진다. 일반인을 포함해 복수의 사망자가 생길 경우에는 사형을 면하지 못한다.

반대로 일반인이 폭력조직원을 살해한 경우는 어떻게 될까. 현실적으로 일어나지 않을 거라고 생각할지도 모르지만 일어날 수 있다. 왜냐하면 일반인이 폭력조직원에게 협박당하거나 공갈을 받다가 살해하는 경우도 가끔 있기 때문이다. 참고 참았던 감정이 폭발해서 죽여버리겠다는 마음으로 거꾸로 일반인이 폭력조직을 살해한 일이 실제로 있었다. 일반인이 폭력조직원 두 명을 살해한 일명 '오사카 폭력조직 살인사건'이 그것이다. 이 사건이 유명한 이유는 일반인이 맨손으로 칼을 갖고 있던 폭력조직에게서 칼을 빼앗아 살해했기 때문이다.

이는 우연히 폭력조직 간부를 알게 된 일반인이, 폭력조직 간부에게 일상적으로 협박을 받아오다가 일으킨 살인사건이다. 이 사건의 피고인은 택시 운전사로 일하고 있었고, 아내는 작은 술집을 운영하고 있었다. 그런데 아내의 가게에 폭력조직 간부가 단골로 오면서 얼굴을 익혔고, 동향이라는 것을 알게 되어 서로 친해지게 되었다. 그러나 곧 폭력조직 간부는 술값도 치르지 않으면서 오히려 바보 취급을 했다. 또한 아내가 보는 앞에서 피고인을 폭행하는 등의 행동까지 하게 되었다. 그러다가 마침내 자잘한 일로 시비를 걸어, 피고인에게 거액의 보상금을 요구하면서, '묻어버리겠다'는 협박까지 일삼는 지경에 이르렀다. 그날은 피고인이 잠을 자고 있다가 두 명의 부하 조직원에게 끌려가 아침이 될 때까지 심하게 얻어맞았다. 피고인은 더 이상 참지 못하고 반격을 가하게 되었다.

먼저 폭력조직 간부가 타고 온 차로 들이받아 그 간부를 깔아뭉개고, 차에서 내려 손에 칼을 들고 있던 부하 조직원에게 맨손으로 달려들어, 조직원에게서 칼을 빼앗자마자 순식간에 찔러 죽인 것이다. 이 사건으로 피고인은 징역 10년을 선고받았다. 일반적으로 두 명을 살해한 사건은 사형이나 무기징역을 받는 데 비해 형량이 가볍다.

폭력조직의 생명 가치는 일반시민보다 낮을까?

　일반인에 의한 폭력조직원의 살해는 왜 가볍게 판단될까. 형사재판에서 생명의 가치는 평등하다는 이념이 있다. 폭력조직원이라는 이유로 생명의 가치가 일반인보다 낮은 일은 있을 수 없다. 앞에서도 말했지만 살해당한 피해자의 생명의 가치를 운운하면 안 된다(10. 〈재와 다이아몬드〉편 참조). 이 경우의 근거는 피해자의 잘못 때문이다. 앞서 표준적 살인사건의 요소로서 '피해자의 잘못이 없다'는 항목이 있었다. 그에 반해 피해자의 잘못이 있는 경우에는 형이 가벼워질 수 있다(1. 〈웨스트사이드 스토리〉편 참조). 지금 언급한 일반인은 두 명의 폭력조직원에게 협박을 당했기 때문에, 살해당한 폭력조직원 쪽에 '잘못'이 있었다는 말이 된다. 문제의 요점은 피해자의 잘못이며 절대로 피해자의 생명에 대한 가치가 아니다. 이런 의미와 관련하여 다음의 사건을 보도록 하자.

　교다에서 일어난 부부강도 살인사건이 있다. 어느 날 밤 우연히 폭력조직 간부의 집에서 하룻밤을 묵게 된 젊은 노숙자가 거액의 돈을 집에 보관하고 있다는 사실을 알게 되어 간부의 집을 털었던 사건이다. 범행을 한 사람은 친구들 집을 전전하며 살아가는 끈기 없는 젊은이로, 간부의 집에 묵도록 허락을 받는다. 간부 부부는 넓은 아량으로 젊은이를 집에 묵게 해줬는데 다음날 아침 이 젊은이는 세차를 하고 온다며 나가더니 그대로 고급 외제차를 몰고 자취를 감춰버렸다. 이것만이라면 이해하겠지만, 돈이 바닥나자 간부의 집에 거액의 돈이 있었다는 기억을 떠올리고 침입할 마음을 먹는다. 그리고는 깊은 밤 집에 몰래 숨어들어가 간부와 아내를 살해하고 돈을 훔쳐 달아난다. 이 사건의 경우 피해자인 폭력조직 간부와 그의 아내는 전혀 '잘못'이 없다. 단지 친절하게 대한 것이 전부였다. 이 경우 두 명 살해 및 강도 살인사건이 되며, 재판 결과 검찰의 구형은 사형선고였으며 법원에서는 무기징역을 선고했다.

일반시민 측에 과실이 있을 경우

일반인에 의한 폭력조직 살인사건이 아닌 폭력조직에 의한 살인사건으로 돌아가보자. 피해자의 잘못이란 논점과 관련해서 피해자가 된 일반인에게 잘못이 있다면 어떻게 될까? 앞서 '폭력조직에 의한 일반인의 살인은 엄벌에 처한다'고 했다. 당연하게 생각하겠지만 일반인에게 잘못이 있을 경우에도 그럴까, 아니면 폭력조직의 형벌이 가벼워질까?

실제사건으로 유명한 일반인이 폭력조직원 두 명과 얽힌 나라 지역의 테니스숍 점원 살인사건(별칭 '폭력조직을 상대로 한 사망유희' 사건)을 들 수 있다. 평범한 일반인이 지방의 폭력조직 두 명에게 말을 걸어 자신은 광역폭력조직의 조직원이라며 신분을 속이고 문제를 일으킨 사건이다. 처음에는 조직원이라고 칭한 일반인에게 폭력조직원들은 겁을 먹었다. 그것이 거짓말이었다는 사실을 알게 되자 피해자를 자동차 트렁크에 강제로 집어넣고, 인적이 드문 곳으로 끌고 가 겁을 주고 혼내주려 했다. 그러나 트렁크를 열자 떨고 있어야 할 피해자가 트렁크 안에 있던 특수 경찰봉을 휘두르며 덤벼들었다. 폭력조직을 우습게 보는 그의 행동에 겁만 주려던 조직원들은 욱한 나머지 우발적으로 일반인을 살해하게 된 사건이다. 이 사건에 대해 법원은 일반인인 피해자가 자신의 신분을 조직원이라고 속이고, 특수 경찰봉을 휘두르며 덤빈 것에 대해 피해자의 잘못이 다소 있다고 해도 중시할 필요가 없다고 판단했다. 그래서 각각에게 일반적인 살인의 형벌인 징역 13년과 징역 16년을 선고했다. 이 사건은 원래는 폭력조직에 의한 일반인의 살해로 엄벌해야 하지만 피해자도 사건을 일으킨 이유가 있기 때문에 표준적인 형을 부과한 것이다. 반면에 아무리 피해자의 잘못이 있다고 해도 이 경우 표준보다 가볍게 형을 선고해서는 안 된다는 뜻이다.

15. 〈우리에게 내일은 없다〉 아서 펜

미성년자의 흉악 범죄는 어떻게 판결할 것인가?

보니와 클라이드, 영화의 모델이 된 실제사건

아서 펜 감독의 영화 〈우리에게 내일은 없다〉는 두 명의 주인공에게 97발의 총탄이 난사되는 마지막 장면으로 유명하다. 벌집이되어 구르는 젊은 남녀 보니와 클라이드는 실제인물로서 영화와같은 죽음을 맞는다.

1930년대 대공황시대에 보니와 클라이드는 아메리카 서남부를약탈하며 열세 명을 죽인다. 남자주인공인 클라이드는 텍사스 주의 농가에서 여섯 번째 아들로 태어났다. 농사로 바쁜 부모를 대신하여 누이의 손에서 자랐다. 누이를 포함한 형제들은 학교에도가지 않고 놀기만 했다. 청소년기에 들어서는 주변의 상점에서 물건이나 자동차를 훔치거나, 주유소를 습격하는 등 강도짓을 하기 시작한다. 그래서 이웃들에게 미움을 산다. 그는 작은 시골사회에서도 밀려난 부적응자였다. 반면, 여주인공인 보니는 3세 때 아버지를 여의고 할머니의 집에서 자랐다. 16세에 결혼하여 카페에서 종업원으로 일하고 있었다. 학교를 다닐 여유도 없이 가정을 가진, 아직 어리지만 생활에 쫓겨 사는 시골의 평범한 여자였다.

보니와 클라이드가 만난 건, 그녀가 19세, 그가 21세 때였다. 보니는 클라이드의 남자로서의 위험한 매력에 빠져 운명의 상대라 느끼며 바로 그 자리에서 그와 동행한다. 그녀는 그를 시골의 지루한 생활에서 자신을 꺼내준 구세주라고 생각했을지도 모른다. 클라이드는 그런 보니를 안아들고 자신의 자동차로 이동했다. 그리고 그녀에 의해 사회에 받아들여졌다는 만족감을 느낀다. 처음으로 자신의 존재가치를 확인한 것인지도 모른다. 그 뒤 둘은 파멸의 길로 질주해간다.

영화 〈우리에게 내일은 없다〉는 두 명의 청춘을 통해 시대의 폭력적인 냉정함을 잘 묘사하고 있다. 파멸로 가는 것을 알고 있으면서도 찰나의 쾌락을 위해 파멸의 길을 선택해 돌진하는 점이 '미학'이라고도 할 수 있다.

그러나 이 '미학'을 느끼기 위해서는 두 사람이 젊은 남녀가 아니면 안 된다. 이것이 절대조건이라고 할 수 있다. 중년 남녀라면 장난으로도 안 될 것이다. 만약 중년 부부가 똑같은 일을 했다고 하면 그저 사형으로 끝날 일이다.

생각해보면 소년법의 이념과 일맥상통하는 점이 있다. 젊은 남녀라면 괜찮고 중년이라면 절대 있어서는 안 될 일이 있다. 젊은 남녀들은 단순히 범죄자와는 다른 관점으로 보기 때문이다. 분별력 있게 꾸짖어야 할 중년 부부가 영화와 같은 짓을 한다면, 단순한 강도 살인 흉악극이겠지만, 젊은 남녀라면 다른 가능성이 보인다는 것이다. 이것이 소년법의 근거가 되는 '갱생의 가능성'이다. 미래에는 지금과는 다른 모습이 있을 수 있다는 가능성의 기회라고 하겠다.

영화 '황무지'의 찰즈와 캐릴

청소년 흉악 범죄 영화로 유명한 〈우리에게 내일은 없다〉보다 더 어린 남녀가 주인공인 테렌스 맬릭 감독의 영화 〈황무지〉가 있다. 이 영화는 실제 인물인 19세 소년과 14세 소녀의 사건을 모델로 하고 있다. 이는 19세의 찰즈와 14세의 캐릴이 미국 중서부 네브래스카 주에서부터 와이오밍 주에 걸쳐 8일 동안 열 명을 살해한 사건이다.

사건의 주범인 찰즈는 선천적으로 언어장애를 갖고 있었다. 형과 함께 쓰레기를 수집하며 생활했는데, 사건 후 그는 "이런 일이나 하면서 40년을 살아가야 할까, 있는 그대로의 모습을 사랑해주는 여자가 있다면 그녀와 일주일간 마음껏 지내다가 죽는 편이 낫겠다"고 마음속에 있던 말을 남겼다. 그의 이런 모습은 소년범죄 심리의 전형을 나타낸다. 누구든 소년시절에 절망할 때 그런 생각을 하게 된다. 자아가 확립되기 전의 불안정한 상태에서는 조바심과 실망 그리고 사고의 비약이 따른다. 일의 의미와 사회에서 살아간다는 일이 어떤 것인지 알기에는 너무 어렸던 것이다.

소년 흉악 범죄는 어떻게 취급하는가?

그러나 물론 어리다고 해서 용서받는 것은 아니다. 아무리 소년범죄가 청춘의 발로이자 오해와 그로 인한 폭발이었다 할지라도, 청춘의 희생양이 되어 죽음을 당하는 쪽은 견딜 수 없다. 범죄 피해라는 또 다른 하나의 큰 과제가 존재하는 것이다. 배심원이 피고인의 갱생 가능성과 희생된 피해자의 존엄성 사이에서 어떤 타협점을 찾을 것인지에 주목해야 된다.

먼저 소년 흉악 범죄에 대한 법의 구성에 대해 살펴보겠다. 현재의 형법, 소년법의 기본에는 ①14세 미만의 소년은 아무리 흉악한 범죄를 저질렀다고 해도 죄가 아니며 범죄로 성립되지 않는다. 무죄인 것이다. 그러나 무죄 방면하는 것이 아니라 가정법원에 의해 적절한 조치가 취해진다. 그 조치 중의 하나로 소년원에 보내지는 경우도 있다.

②14세 이상일 경우, 범죄가 성립하는 것은 성인과 같다. 그러나 실제로는 형사재판이 행해지지 않고 ①과 같이 가정법원의 조치가 이뤄질 수도 있다. 형사재판에 의할 것인지 아닐지는 가정법원에서 결정한다.

③형사재판에 의거한 경우에도 18세 미만이면 사형을 피할 수 있다. 피고가 18세 미만일 경우 아무리 흉악한 범죄로 몇 명을 죽이더라도 사형은 없다. 무기징역 혹은 최고형이 된다. 배심원이 형사재판에 참여해서, 직면하게 되는 것은 ③의 경우에 해당된다.

형사재판은 가정법원이 아닌 지방법원에서 이뤄진다. 일본 만화에 〈가사재판소 사람들〉(모리 징파치 작, 우오토 오사무 그림)이라는 작품이 있는데 앞의 ②까지는 '가사재판소(가정법원) 사람들'의 영역이고, ③은 이를테면 '지방법원 사람들'의 영역이 된다. 배심원은 '가정 재판소 사람'이 아닌 '지방재판소 사람'이 되는 것이다.

소년에 대한 형사재판의 내용을 보자. 서술한 바와 같이 배심원은 이 사건에서 피고인이 18세 미만이면 사형이라는 판단을 강요할 수 없다. 따라서 실제로 소년에 대한 사형이 해당되는지 문제가 되는 경우는, 피고인의 연령이 18세 이상 20세 미만일 경우이다. 소년의 흉악 범죄에 대해 흔히 '미성년자에게 사형을 적용할 수 있을까'라는 말을 하는데, 여기서 말하는 미성년자란 18세, 19세를 가리킨다.

미성년자가 사형 판결을 받을 경우

앞서 사형 적용기준의 큰 범위를 봤을 때 '사형은 세 명 이상을 살해한 경우로, 두 명을 살해하면 사형일 경우와 아닐 경우가 있으며, 한 명을 살해할 경우는 사형이 선고되지 않는다'고 했다(5. 〈죄와 벌〉 편 참조).

이는 성인의 경우에 해당하지만 피고인이 미성년(18, 19세)이면 어떻게 될까? 정리하면 세 명 이상을 살해할 경우는 성인과 마찬가지로 사형이 되지만, 두 명을 살해하면 사형은 원칙적으로 선고되지 않고, 한 명을 살해하면 절대로 사형이 되지 않는다. 바꿔 말하면 '미성년자와 사형'이라는 심각한 문제 안에서도, 재판을 하는 사람에게 더욱 심각해지는 것은, 미성년자에 의한 두 명 이상의 살인일 경우다.

최근 매스컴에 크게 보도되었고 사회적으로 큰 문제가 되었던 사건으로 히카리 시의 모자 살해사건이 있다. 이 사건의 피고인은 잘 알려진 바와 같이 18세의 소년이었다. 피해자는 두 명으로 젊은 주부와 아기였다. 이 사건이 사형 적용으로 큰 문제가 된 이유는 미성년자에 의한 두 명 살인이었기 때문이다. 사형의 여지와 함께 이 소년만 '예외'로 사형을 선고하는 것이 좋을지 1심부터 대법원까지 논란의 연속이었다. 이 사건은 피고인이 부녀자를 성폭행할 목적으로 주부를 덮치고 살해한 뒤, 옆에서 울고 있던 아기까지 살해한 사건이었다. 이 때문에 사안의 중대성만으로도 충분히 사형감이라고 생각하는 사람이 있을 것이다. 하지만 피고인이 미성년자일 경우는 사안의 내용만으로 사형을 내릴 수는 없다. 두 명 살인일 경우, 사형을 내릴 수도 있다. 하지만 사안의 내용은 사형에 상응할지라도, 이 피고인에게 갱생의 가능성이 있는지를 판단해야 한다. 이 소년은 18세 30일이 된 나이였다. 하지만 어리다는 이유로 미래의 범죄 가능성이 없다고 단언하기도 어렵다. 실제로는 미성년자에 의한 두 명 살인일 경우, 생각에 따라서는 이 사건보다 훨씬 더 악질이라고 볼 수 있는 사례도 있다. 명확하게 계획적이고 잔혹성과 흉악성에서도 이 사건에 뒤지지 않는 사안이 여러 개 있었다. 그런데도 사형은 언도되지 않았다. 그중에는 피고인이 폭력조직의 준구성원이었던 경우도 있었다. 히카리 시의 모자 살해사건의 피고인은 폭력조직 등과는 아무 관계도 없었고 전과도 없었다. 그럼에도 불구하고 갱생 가능성이 전혀 없다고 판단할 수 있을까. 이 점이 혼란스러운 부분이다. 보니와 클라이드, 찰즈와 캐릴, 히카리 시 사건의 소년, '누구에게는 갱생의 가능성이 있고 누구에게는 갱생의 가능성이 없다.' 이것을 인간이 판단한다는 것은 어려운 일이다. 그래도 '누구는 살아야 하고 누구는 살아서는 안 된다'는 것을 결정해야 할 때, 그것은 '피해자의 수'와 범행의 계획성, 잔혹성, 집요성, 흉악성 등의 객관적인 증거를 근거로 해서 결정할 수밖에 없다.

Part 04

재판관의 '법정 규칙'

16. 〈포스트맨은 벨을 두 번 울린다〉 제임스 케인
교통사고 위장 살인과 법정을 유혹하는 마력

교통사고를 위장한 살인, 그렇다면 두 번째 교통사고는?

영화 〈포스트맨은 벨을 두 번 울린다〉는 미국의 하드보일드 문학을 대표하는 제임스 케인의 소설이 원작이다. 그리고 루키노 비스콘티 감독이 영화로 제작했다. 비스콘티가 원작자인 케인의 승낙을 받지도 않고 제작한 일로 유명한데, 영화가 개봉된 지 며칠 만에 상영금지 처분이 내려진 복잡한 사연을 가진 작품이다. 〈포스트맨은 벨을 두 번 울린다〉는 일종의 은유적 표현으로, 실제 영화에서는 집배원이 나오지도 않고 벨이 울리지도 않는다. 이 영화는 방랑자인 프랑크가 무심결에 들어간 시골의 작은 식당에서 일자리를 얻고, 식당의 젊은 아내인 코라와 깊은 관계에 빠지며, 나중에는 둘이 공모해서 수인을 살해한다는 내용으로 전개된다.

이들 셋은 함께 차를 타고 여행을 떠난다. 일부러 험한 길을 택해 절벽으로 접어드는 입구에서 차를 세우고 휴식을 취한다. 식당 주인이 즐겁게 경치를 만끽하고 있는 그때 프랑크가 스패너로 머리를 내려친다. 그리고는 기절한 주인을 차에 태운 채 차를 절벽 밑으로 밀어 떨어트린다. 프랑크는 세 명 모두가 사고를 당한 것처럼 꾸미기 위해, 코라의 얼굴을 인정사정없이 때리고 자기 몸에도 상처를 낸다. 그 후 프랑크는 절벽 밑으로 굴러 떨어진 차 안에 들어가고, 코라는 절벽에 걸려 있는 차를 보고 '추락사고가 났다'고 구조를 요청한다. 수사 당국은 이 사건의 작위적인 부분을 미심쩍어 하지만, 쉽사리 입증할 방법을 찾지 못한다. 그리고 프랑크는 기소를 면한 것처럼 보였다.

프랑크와 코라는 죽은 주인의 식당에서 함께 살기 시작하지만 진짜 사고가 일어난다. 여름날 해수욕을 즐기는데 임신 중이던 코라가 갑자기 몸이 안 좋아진 것이다. 프랑크는 허둥대며 코라를 차에 태우고 병원으로 출발하는데 도로에는 앞을 가로막고 느리게 달리는 대형 트럭이 있었다. 그가 트럭을 추월하기 위해 속도를 올리면서 우측으로 꺾었을 때 차는 도랑벽에 크게 부딪치고 조수석에 앉아 있던 코라가 죽는다. 코라는 부주의하게도 지난번 사고가 사실은 둘이 꾸민 살인이라는 메모를 남겨두었다. 이 메모가 경찰의 손에 넘어간다. 결국 지난 사건은 사고로 위장한 살인이라는 것이 밝혀지고 프랑크는 두 건의 살인죄로 재판을 받게 된다.

이미 전 사건에 대해서는 발뺌을 할 수가 없었다. 그렇다면 두 번째 사건은 어떻게 되었을까. 〈포스트맨은 벨을 두 번 울린다〉란 이런 의미였다. 프랑크는 두 번 벨을 울렸을까 울리지 못했을까. '그래, 두 번 벨을 울렸을 게 확실해. 포스트맨은 벨을 두 번 울리니까'라는 뜻이다.

이 소설에서는 자동차 추락사고로 위장하기 위해 절벽 중턱에서 그가 코라를 때리는 장면이 유명하다. 남자가 여자의 얼굴을 힘껏 때리고, 여자도 '때려, 때려'라고 소리를 치는 장면이다. 위장을 제대로 하기 위해 눈 주변이 울긋불긋하게 부어오를 때까지 있는 힘껏 때려줘야 한다. 바로 이 설정이 폭력적 애정, 혹은 애정에 내재된 폭력성을 상징적으로 보여주는 가치 있는 장면이자, 하드보일드 장르의 백미라고 할 수 있다. 하드보일드의 소설에 대한 평가는 나중으로 하고, 재판이란 관점에서 봐도 이 소설은 매우 훌륭하다. 세부적인 묘사는 물론 재판관조차도 계략에 빠지기 쉬운 심리를 갖고 있기 때문이다.

두 번째도 살인이라고 주장하는 배심원의 판단

배심 법정에서는 '두 번째도 살인이 틀림없다'고 판단을 내려 프랑크는 사형을 선고받는다. 배심원은 첫 번째가 살인이라면 두 번째도 살인이 틀림없다고 판단했다. 그러나 결론부터 말하자면 판단은 명확하게 잘못되었다.

처음의 '사고'가 고의적인 살인이었다 하더라도 언제 일어날지 모르는 교통사고 역시 살인이라고 할 수 있을까. 언제 일어날지 모르는 교통사고를 피할 수 없다는 것은, 프랑크든 선량한 일반인이든 모두 같다. 두 번째 사고가 살인이라고 판단하기 위해서는 사고에 대한 확실한 증거가 있어야 한다. 두 번째 사고도 첫 번째 사고의 원인과 같은 교통사고라는 이유만으로 유죄라고 확정지을 수는 없을 것이다. 엄밀히 말해 첫 번째 '사고'가 살인이었다는 것 때문에, 두 번째 사고도 살인일 수 있다고 추정할 수는 있다. 교통사고로 위장한 살인에 재미를 붙여 또 다시 같은 일을 저지를지도 모른다. 이런 의문이 사라지지 않을 것이다. 프랑크는 선량한 일반인에 비하면 그런 경향을 갖고 있다고 말할 수도 있다.

그러나 만약 그렇다고 가정한다 하더라도, 어쩔 수 없이 교통사고를 일으키게 될 확률은 어느 쪽이 더 높을까. 프랑크의 경우, 교통사고를 일으킬 확률은 무시할 정도로 낮고, 교통사고로 위장한 살인의 확률은 단연 높다고 할 수 있을까? 그렇게 말할 수 없는 이상, 두 번째 사건은 유죄라고 단정할 수 없다. 두 번째 사고가 살인인지 아닌지에 대해서는 사고 자체가 살인으로 의심할 증거가 있느냐 없느냐로 결정해야 한다. 어디까지나 이것이 기본 중의 기본이다. 교통사고로 위장한 살인을 저지른 사람은 또 다시 같은 일을 저지를지 모른다는 판단은, 빛을 잃게 하는 그림자를 드리운다는 느낌을 지울 수 없다.

법정에 나타나는 '마력'이란

그럼에도 불구하고, 실은 이 작은 그림자는 큰 힘을 갖고 있다. 판단하는 사람에게 의문을 갖도록 작용하기 때문이다. 바꿔 말하면 심판하는 사람을 유혹하는 힘, 마력과도 같은 힘을 갖고 있는 것이다.

첫째, 심판하는 입장은 '이것으로 확실하다'는 잠재적인 바람을 항상 갖고 있기 때문이다. 미묘하게 판단이 서지 않는다는 것은 판단하는 사람에게 제일 어려운 일이기 마련이다. 아무리 백지 상태에서 허심탄회하게 법정을 내려다 보려고 해도, 그런 속마음의 잠재의식으로부터 완전히 자유로워질 수는 없다. 또한 누구든지 사물을 통일적으로 생각하려는 의식을 갖고 있다. '첫 번째 교통사고는 사고를 위장한 고의적 살인이며, 두 번째는 일반적인 우연한 교통사고'라고 생각하기에는 아무래도 어중간한 느낌이 든다. 왠지 모르게 조화롭지 않고 개운하게 한 건을 끝냈다는 생각이 들지 않는 것이다.

게다가 감정적인 부분도 관계가 있다. 첫 번째 사건이 교통사고를 위장한 살인이라는 증거가 있다면 그 사람은 살인자이다. 살인자에 대한 반감과 혐오감을 완전히 제거하고 판단하기는 어렵다. 감정은 증거에 의한 판단을 흐려지게 할 가능성이 있다. 그러므로 앞에서 살펴본 사항은 도리가 아니라 감정과 의식의 깊은 곳에서 작용한다. 마력은 판단하는 사람에게 그 정도로 유혹하는 힘을 갖고 있다. 그렇기 때문에 '두 번째도 틀림없이 사고를 위장한 살인이야!'라는 결단을 내리고 싶게 만드는 것이다.

거꾸로 말하면, 그만큼 재판하는 입장에서는 주의해야만 하는 것이기도 하다. 특히, 미국의 배심 법정에서 검찰 측은 항상 배심원의 감정에 호소하는 전략을 취한다. 이렇게 상황에 따라 반감을 부채질하기 때문에, 때에 따라 이런 식으로 양성된 배심원의 감정이 분출하여 그대로 결론이 내려지는 일도 있다

바꿔 말하면, 검찰은 재판하는 자의 감정을 유죄 인정을 위해 활용할 수 있는 것이다. 일본의 배심원 제도에서도 이와 비슷한 일들이 전개될 수 있다. 재판하는 입장은 가능한 한 직관과 감정에 좌우되지 않아야 한다.

또 다음과 같은 일도 그렇다. 형사재판에는 권력의 발동이라는 것이 있다. 반드시 그렇지는 않지만, 형사재판은 국가의 힘이 작용하는 부문에서도 가장 강력한 권력이 작용한다. 인간을 사형시킬 수도 있기 때문이다. 그러므로 직관적으로 '확실하다'고 결론을 내리는 것은 무턱대고 권력을 휘두르는 것과 같다. 재판에서는 '어중간한 정도가 가장 최적이다'라고 생각하는 쪽이 가장 좋을지

도 모른다. 〈포스트맨은 벨을 두 번 울린다〉는 조금은 특별한 경우라고 할 수 있다. 따라서 좀 더 일반적인 상황에서 '마력'이 법정에 작용하는 부분에 대해 살펴보도록 하자.

첫째, 여죄(주가 되는 죄 이외의 다른 죄)란 비슷한 죄가 발각되는 경우를 말한다. 강도 살인으로 재판받는 자에게 강도나 강도치상과 같은 별도의 죄가 있다는 것을 알게 되는 경우이다.(이때는 강도와 강도치상이 죄에 추가-추기소[追起訴]-된다.)

둘째, '전과와 관계가 있을 경우'란 방화에 의한 살인으로 재판을 받고 있는 자에게 이전과 동일한 수법의 방화 전과가 있을 경우다. 전과가 있을 경우는 여죄가 전과가 없는 경우에 비해 유죄일 가능성이 높다는 것은 부정하기 어렵다. 그러나 재판하는 사람은 이러한 마력에 빨려 들어가서는 안 된다. 이는 오판을 초래할수 있고 억울한 죄를 뒤집어쓰게 만들 수 있다.

한 명 살인과 두 명 살인은 어떻게 다른가?

두 번째 사건이 사고일까 살인일까에 대해 이야기했다. '첫 번째 사건이 살인이면 유죄이다. 두 번째 사건이 살인이 아니라고 해도 한번 살인자이면 영원히 살인자이다'라고 생각하는 사람도 있다. '두 번째 사건이 어떤가는 독사인가 맹독사인가 하는 정도의 차이이다. 그러나 이런 생각은 실제 재판과는 크게 다르다. 일본의 경우, 한 명 살인은 사형이 아닌 것에 비해 두 명 살인일 경우에는 사형일 확률이 높기 때문이다. 두 번째가 살인인지 아닌지는 결정적인 차이가 있다. 이를테면 하늘과 땅 차이, 또는 생사를 좌우하는 차이가 난다. 다시 〈포스트맨은 벨을 두 번 울린다〉를 살펴보도록 하자.

첫 번째 살인은 확실한 공모로 이뤄졌으며 계획성도 있다. 교통사고로 위장한 살인이기 때문에 치밀한 계획성이 인정된다. 또한 '배신의 살인'이기도 하다. '배신의 살인'에 관해서는 앞에서도 나왔는데(8. 〈테레즈 라캥〉 편 참조), 배신성(背信性)과 배덕성(背德性)이라는 점에서도 악질로 결론이 난다. 그러나 이 범행은 돈이 목적이었다는 점을 전혀 찾아볼 수가 없으므로 금전적 목적은 인정되지 않는다. 그러므로 이 사건의 형벌은 지금까지 재판에서는 유기징역 최고형(징역 20년)이 된다. 무기징역이 최대한이며 사형은 거의 있을 수 없다. 그러나 두 번째도 살인이라고 인정된다면 어떻게 될까. 두 명을 살해한 사례가 되고, 게다가 두 번에 걸쳐 이뤄진 살인이라면 사형에 처해질 확률이 비약적으로 높아진다. 이 점에 관해서는 앞서 말한 '기회의 동일성'이라는 부분이 있다.

두 명을 살해했더라도 한 번에 했을 경우에는 구제받을 수도 있다. 두 명 살인이라는 극히 중대한 사안도 정신이상이라는 의심이 들 때는 사형이 철회될 수 있다. 그러나 두 번에 걸쳐 두 명을 살해했다면 이는 '정신이상'이라고 볼 여지가 없다. 이른바 연속살인에 따른 사형이라는 결론으로 크게 기울어진다. 이상으로 〈포스트맨은 벨을 두 번 울린다〉에서, 두 번 벨을 울렸을지 말았을지는 결정적으로 중요하다. 그런 의미에서 케인의 원작 〈포스트맨은 벨을 두 번 울린다〉는 이런 논점에 아주 좋은 자극을 주는 작품이라고 할 수 있다.

17. 〈도망자〉 J. M. 딜라드
리처드 킴블을 어떻게 재판할까?

모델이 된 실제 사건

〈도망자〉는 아내를 살해한 혐의를 받는 외과의사 리처드 킴블의 도망 이야기이다. 이 드라마는 책과 영화로 공개되기 전, TV 영화로 방송되어 미국에서 폭발적인 인기를 얻었다. 미국뿐만 아니라 TV 황금시대에 세계 각국에서 큰 인기를 모은 프로그램이었다. 이 드라마의 모델이 된 실제 사건이 있었다. 의사 샘 셰퍼드 누명 사건이었다. 의사 셰퍼드는 도망하지도 않았는데 자택에서 아내가 살해된 사건 때문에 '아내 살인'의 혐의를 받는다. 결국 유죄를 선고받고 수많은 고난을 거친 끝에, 재심을 통해 무죄 판결을 받아낸다.

이런 '아내 살해' 누명 사건은 다른 누명 사건에 비해 더 절망적이고 비장함이 최고조로 달하는 측면이 있다. 아내가 죽어서 첫 번째 피해자이기도 한 남편이 피해자가 아닌 살인을 저지른 가해자 취급을 받아야 하기 때문이다.

죄 없는 사람이 살인범이라는 혐의만 받아도 큰 충격이고 비극적인데, 거기에 범죄 피해자의 고통까지 더해진다. 비극의 이중고이다. '아아, 어찌하여 신은 이런 고통을 주는가?' 아니, 신이 주는 고난이라면 몰라도, 이것은 인재, 인간이 초래한 것이다. 따라서 의심한 자, 수사를 한 자에게도 책임을 물어야 한다. 당연히 재판한 자의 책임도 있다.

의외로 많은 '가정 내 아내 살인과 남편 살인'

그렇다면, 왜 가정 내에서 살인이 일어나는 것일까. 왜 피해자인 남편이 혐의를 받게 되는 것일까.

실제로 남편에 의한 '아내 살해'가 적지 않게 일어나기 때문이다. 사건 통계를 보면, 가정 내 아내 살인 혹은 남편 살인은 적지 않게 일어난다. 미국의 한 범죄학자의 조사에 따르면 살인사건의 반 이상은 가정 내에서 발생한 것으로 밝혀졌다. 대개 '여성 피해자는 침실에서 살해되며, 남성 피해자는 주방에서 살해당한다'고 한다. 일본 연구자의 실태조사에서도 살인사건의 42%가 친족 간에 빌생한다고 한다. 게다가 '님편에 의한 아내 실해'와 '아내에 의한 남편 살해' 중에는 강도나 도난처럼 위장한 경우가 있다. 도둑이 들어온 것처럼 일부러 방을 어질러두거나, 현관문을 부수어 침입한 흔적을 만들어놓기도 한다. 자해행위까지 하는 등 자신도 폭행당한 것처럼 꾸미는 일도 있다. 그렇기 때문에 영화 〈도망자〉 같은 사건에서는 첫 번째 수사 대상으로 남편이 지목되는 것이다.

왜 리처드 킴블이 아내를 살해했다고 판단됐을까?

이렇게 보면, 수사 초기에 남편을 의심하는 것은 이해되지 않는 일도 아니고, 그럴 필요가 있을 수도 있다. 그러나 수사가 진행되면서 의구심이 해소되기는커녕 점점 엉뚱한 방향으로 전개되는 것은 무엇 때문일까. 때에 따라서는 재판에서까지 오판해서 유죄 판결이 내려지는 것은 왜일까?

이런 의문점에 대해 영화 〈도망자〉를 예로 들어 구체적으로 살펴보도록 하자. 왜 리처드 킴블은 아내를 살해한 것으로 판단되었을까?

원저 〈도망자〉의 줄거리는 리처드 킴블이 야밤에 긴급수술을 마치고 집에 돌아왔는데, 거실에 있는 수상한 사람을 발견하고 몸싸움을 벌인다. 한바탕 미국식 특유의 액션을 펼쳐 괴한이 사라진 뒤 침실에 있는 아내에게로 달려간다. 그런데 때마침 아내는 '살인자…'라며 숨이 끊어지는 목소리로 간신히 구조를 요청하는 긴급연락을 하고 있었다. 리처드 킴블이 방으로 들어가자 아내는 남편을 보고 안심한 나머지 수화기를 든 채로 '리처드!!'라고 외친다. 그 한 마디를 남기고 전화는 끊어진다. 그래서 '살인자…… 리처드!'라는 통화기록이 남겨지고 그는 유죄를 선고받는다. 픽션으로 여러 가지 우연한 사정이 더해지고 멋지게 각색되어 현실에서는 일어날 것 같지 않은 사건이 만들어진 것이다.

그렇다면 여기서 실제 누명사건(의사 샘 셰퍼드 누명사건)을 살펴보도록 하자. 왜 리처드 킴블은 아내를 살해했다는 혐의를 받았을까. 아니, 왜 샘 셰퍼드는 아내를 살해했다는 혐의를 받았을까.

오하이오 주 클리블랜드의 교외에서 어느 날 밤, "아내가 살해당했어. 빨리 와줘"라는 샘 셰퍼드의 긴급 전화를 받고 현장에 갔더니, 한 여성이 침대 위에서 피범벅이 된 채로 죽어 있었다. 머리에는 심하게 상처가 나 있었다. 샘 셰퍼드는 상반신을 벗은 채로 소파에 웅크리고 앉아 있었다. 그는 "점심 때 수술하느라 피곤해서 잠을 자고 있던 중, 갑작스런 아내의 비명소리에 놀라서 깼다. 서둘러 아내가 있는 곳에 달려가다가 누군가에게 머리를 맞고 의식을 잃고 쓰러졌다가 깨어나 보니 아내는 이미 죽어 있었다. 때마침 계단을 달려 내려가는 소리가 들렸고 나는 도망가는 그림자를 쫓았다. 호숫가까지 뒤쫓아가서 덤벼들었지만 거구의 범인이 굉장한 힘으로 내 목을 졸랐다. 나는 다시 의식을 잃었고 의식이

돌아와 보니 호숫가에 쓰러져 있있다. 피가 튄 짙은 티셔츠는 호수에 벗어버리고 집으로 돌아와 긴급 전화를 했다"고 말했다.

그러나 그의 집에서는 가족의 지문 밖에 감식되지 않았다. 또 저택 어디에도 외부에서 침입한 흔적이 없었다. 살해당한 아내의 베개에는 다량의 혈흔이 묻어 있었는데, 그 혈흔의 형상에 다소 특징이 있었다. 검시 결과 수술도구가 흉기로 이용되었을 가능성이 있다고 나왔다. 현장에는 뒤집어진 샘 셰퍼드의 왕진용 가방이 있었고 수술도구가 어지럽게 흩어져 있었다. 셰퍼드의 집안은 병원을 경영하는 유복한 가정으로, 그 역시 그 병원에서 근무하는 20대의 잘 생긴 의사였다. 그리고 그의 여성관계도 화려하다기보다 난잡했다. 장난이거나 진심으로 사귄 수많은 애인이 있다는 사실이 사건 후에 밝혀졌다. 그 애인 중의 한 명은 법정에서 "샘은 아내와 이혼하고 나와 결혼한다고 분명히 말했다"고 증언했다. 샘 셰퍼드가 주장하는 사건 진술의 요점은 '기절해 있었다'로 해결하려는 인상을 풍겼다. 즉, 수상하다고 하면 수상한 일이다.

객관적인 증거는 있었나

문제는 이 사건에서 가장 고통스러울 사람에게 이중의 고통을 부담시킬 위험이 있다는 것이었다. '수상하다'는 정도 때문에 그 정도의 고통을 떠안게 하는 것이 옳다고 보기 어렵기 때문이다.

가족의 지문밖에 검출되지 않았고, 외부의 침입 흔적이 없다는 것은 외부자 범행을 의심하지 않는다는 소극적인 증거에 불과하다. 샘 셰퍼드에게 호감을 느껴 여자들이 따랐다는 것도 동기에 관한 사항에 불과하다. 또 샘 셰퍼드의 진술이 신뢰하기 어렵다고 하더라도, 그것만으로 곧 그가 범인이라고 단정할 수는 없다.

이와 같은 사건은 객관적인 증거의 유무가 핵심이다. 예를 들어 의사 셰퍼드가 벗어서 버렸다는 티셔츠를 발견할 수 있을 것인지, 그 티셔츠에 피가 묻어 있을 것인지 등이다. 피가 묻어 있다면 요즘에는 DNA 검증이 이뤄질 것이다. 이런 객관성을 무시하고 유죄 판단을 내리면, 만약 정답이 아닐 경우에는 그 파장이 엄청날 것이다. 재판하는 자의 주관으로, 신이어도 부담시킬까 말까 한 엄청난 고난을 등에 지게 하는 일이 될 수 있기 때문이다. 이렇게 되면 이번에는 재판하는 자도 고난을 부담하게 될 것이다. 그리고 마음에는 응징당한 자의 억울한 얼굴이 떠오를 것이다. 〈도망자〉 리처드 킴블의 얼굴이.

그렇다면 재판에서 나오는 객관적인 증거에는 어떤 것이 있는지 살펴보도록 하겠다. 결정적인 증거로는 혈액에 대한 DNA 검증을 들 수 있다. (더욱이 가까운 사람이 용의자일 경우는 피해자를 구조하기 위해 피가 묻을 가능성이 있기 때문에 소량만 묻어 있는 경우는 제외된다.) 또 현장 지문의 일치(지문 검증) 등이 결정적인 수단이 된다. (단, 가까운 사람이 용의자일 경우는 의미가 없다.) 결정적인 수단은 되지 않지만, 일정 부분 유효성을 발휘하는 객관적인 증거로는 '종류의 일치'를 나타내는 증거가 있다. 예를 들어 다음과 같은 사항이 있다. 총기에 의한 살해의 경우를 보면, 시체에 남은 총탄과 같은 구경의 권총을 용의자가 소지한 경우(만약 권총이 이미 처분된 상태라면 과거에 비슷한 권총을 입수한 일), 독살의 경우에는 시체에서 검출된 독극물과 같은 성분의 물건을 소지했는가(혹은 소지하고 있지 않아도 과거에 입수한 전력이 있는지) 등이다. 이런 경우는 '종류의 일치'의 한도 내에서 범인을 객관적으로 좁혀나갈 수 있다. 누명을 씌우지 않기 위해서는 항상 객관적인 증거를 중심으로 한 유무죄의 판단이 이뤄져야 한다. 형사재판에 중점을 둔 증거는 객관적증거와 그밖의 증거로 크게 나눌 수 있다. 목격 증언, 자백, 공범자의 진술 등은 모두 '그밖의 증거'가 된다.

누명을 방지하려면 어떻게 해야 좋을까?

이 같은 상황을 근거로 했을 때, 배심원의 입장에서 누명을 방지하기 위해서는 어떻게 해야 좋을까에 대해 살펴보겠다. 다음과 같이 판단 방법을 제시할 수 있다.

①재판에서는 여러 가지 증거가 제시되지만, 가장 처음에는 증거들을 객관적 증거와 그밖의 증거로 구분한다. ②객관적 증거로 구분된 것 중에서 결정적인 증거가 있는지 없는지를 판단한다. ③

결정적인 객관적 증거가 없을 경우에도 객관적 증거를 제1 순위로 생각한다. 예를 들어 '종류의 일치'를 제시하는 증거는 결정적인 증거는 아니지만, 일정 부분 객관적인 판단을 가능하게 하는 사항이다. 이를 바탕으로 그밖의 증거들로는 어떤 것이 있는지 살펴본다. 그리고 목격 증언, 자백, 공범자의 진술 등을 살펴본다. ④만약 ③을 가능하게 하는 객관적인 증거가 없는 경우, 이 자체를 위험 신호로 해석해야 한다. 이 외의 목격 증언, 자백, 공범자의 진술 등이 있어도, 신빙성 있는 증거가 아니면 유죄 판단을 해서는 안 된다.

예를 들어 '상당한 신빙성이 있는' 경우란 ⓐ이해관계가 없는 제3자의 정확한 목격 증언이 있을 때, ⓑ자백하여 비밀을 폭로할 때, ⓒ공범자의 진술이 자연스럽게 일치할 때 등이다. ⓑ가 의미하는 바에 대해서는 〈죄와 벌〉을 다룬 부분에 자세히 설명되어 있으며, ⓒ에 대해서는 〈테레즈 라캥〉과 〈나이아가라〉에서 설명하고 있다.

18. 〈양들의 침묵〉 토머스 해리스
한니발 렉터 박사와 책임 능력

모델이 된 두 개의 엽기적인 사건

엽기적인 연쇄 살인 사건의 수사에 진척이 더딘 FBI. 그 즈음 우연히 주인공인 신입 여성 수사관(훈련생)은 엽기적인 연쇄 살인 사건을 저질러 수감된 한니발 렉터 박사를 조사하기 위해 방문한다. 뜻하지 않은 계기로 주인공과 렉터 박사의 미묘한 만남이 이뤄진다. 여주인공은 렉터 박사의 조언을 얻어, 암초에 걸린 엽기 살인 사건 해결에 도전한다.

토머스 해리스의 작품인 〈양들의 침묵〉은 블록버스터 영화로 제작되어(조나단 드미 감독) 전 세계에서 대성공을 거뒀다. 이 영화에서는 주인공인 여성 훈련생과 한니발 렉터 박사가 내면 의식의 흐름을 추적하는 것이 큰 특색이다. 이들은 때에 따라, 정신과 의사와 심리학 전공자의 공감을 사기도 하고, 살인자와 수사관의 심리적 줄다리기도 하며, 때로는 정신이상자와 건전한 젊은 여자 간의 말하기 껄끄러운 분위기를 자아내기도 한다. 두 사람의 변화하는 심리 작용을 바탕으로 '버팔로 빌'이라는 오리무중인 엽기 살인범에게 점점 다가간다는 것이 다른 책과 달리 끌림이 있다. 사건 해결에 이르는 과정에서도 이 책에서는 수사관이 범인을 바짝 몰아대기보다는, 신입 여성 훈련생이 기이한 엽기세계로 빨려 들어가는 색채가 강하게 나타난다. 주인공에게 힘을 실어 주는 렉터 박사도 비정상적인 살인자이며, 엽기적인 살인을 저지른 경험자로서, 수사관에게 조언을 해준다는 매우 독특한 설정이다. 이런 이상한 세계는 단순히 책과 영화 속에서만 일어나는 것은 아니다.

〈양들의 침묵〉은 실화를 토대로 하고 있다. 이 소설의 틀은 미국에서 실제로 있었던 두 개의 사건을 조합해서 만들어졌다. 그 첫 번째 실제 사건은 근대 범죄 역사상 최다 살인자라고 불리는 헨리 루카스의 사건이다. 헨리 루카스는 추정으로 '360명 살해', 기소 건수로는 아홉 명 살해라는 쾌락적인 살인범이었다. 그는 당연히 사형 판결을 받았지만, FBI가 그의 이상심리를 연구함으로써 미해결 살인사건의 수사에 활용하려는 목적으로 사형집행을 면해 줌으로써 천수를 다할 수 있었다. FBI에 조언해주는 대가로 조지 부시 대통령(당시 텍사스 주지사)으로부터 사형집행 연기를 얻어냈던 것이다. 그의 모습이 'FBI가 의지하는 사형수 한니발 렉터 박사'로 그려진 것이다.

또 다른 사건은 에드 게인 사건이었다. 에드 게인은 〈양들의 침묵〉에서 나오는 버팔로 빌과 같은 일을 현실에서 감행했다. 이 사건은 미국 북서부 위스콘신 주의 한적한 시골마을에서 어느 날 갑자기 일어났다. 현대적인 '병든 미국'과는 전혀 관계가 없는 것처럼 느껴지는 지방의 모습과 그 주인들. 그리고 에드 게인도 사건 이전까지는 서로 잘 어울려 지냈고, 지역 내에서 예의바르고 건실한 인물로 여겨졌다. 옛날의 좋았던 아메리카를 떠올리게 하는 땅과 사람들의 일상에서 아무도 모르게 엽기적인 범죄가 일어나고 있었던 것이다.

여기서는 이상 살인이라는 것이 어떤 것인지를 살펴보고, 한니발 렉터나 버팔로 빌과 같은 초비정상 살인자는 재판에서 어떤 판결을 받았는지 살펴보겠다.

비정상적인 살인들 – 길거리 살인, 묻지마 살인, 쾌락 살인

'죽이는 건 누구든 상관없다'를 상징하는 살인으로는 묻지마 살인과 길거리 살인을 들 수 있다. 두 유형의 살인은 사회적으로 소외되어 고립감이 깊어지는 가운데, 쌓여가는 좌절과 만성적인 욕구불만이 원인이다. 사회 전체에 대해 원망과 불만이 한계점에 다

다랐을 때, 알지도 못하고 본 적도 없는 사람들을 길에서 우발적으로 공격한다는 특징이 있다. 길거리 살인과 묻지마 살인은 특정한 누군가에 대한 원한이나 확실한 동기가 있는 것이 아니다. 단지 주변이나 사회에 대한 불만으로 사건을 일으킨다. 바꿔 말하면, 불특정다수에 대한 불만과 울분이 동기로 작용했다고 볼 수 있으며, 현대사회의 병폐도 그 원인의 하나가 될 수 있다. 이상하기는 해도, 역시 일반적인 범죄의 연장선에 있다고도 말할 수 있다.

그 예로 2008년에 일어난 '아키하바라 묻지마 살인'을 들 수 있다. 파견사원으로 일하던 한 젊은이가 모든 일이 잘 안 풀리고 자신이 의지해오던 인터넷 상에서도 무시를 당하자, 지금까지 느끼지 못했던 울분을 불특정다수에게 터트린 사건이다. 그러나 파견노동자를 둘러싼 혹독한 고용 사정과 인터넷 사회라는 현대사회의 특징, 승자와 패자로 나눠지는 현대사회의 정치, 경제상황 등에서, 범행 동기나 원인, 심리를 이해하지 않으면 안 될 것이다. 이 사건은 젊은이들 사이에서는 일종의 '공감대'를 형성하고 있다. 묻지마 살인이나 길거리 살인과 구별되는 것으로는 동기 없는 살인을 들 수 있다. 두 살인에는 비슷한 동기가 인정되지만, 동기 없는 살인은 말 그대로 아무런 이유가 없는 살인으로 그 행동의 의미를 알기 어렵다.

동기 없는 살인사건의 예로는, 2006년에 일어난 가와사키 맨션에서 남자아이를 던진 사건을 들 수 있다. 이 사건은 알지도 못하는 초등학교 남자아이를 낚아채서 맨션 옥상으로 데리고 간 뒤, 옥상에서 떨어트린 사건이다. 피고인은 이 사건 외에도 몇 건의 미수사건을 일으킨 자였다. 그는 어이없는 행동을 저지른 뒤에 자수를 한다. 동기가 없는 살인은 동기는 물론 원인조차 없다는 점에서, 묻지마 살인이나 길거리 살인보다 훨씬 더 비정상적이라고 할 수 있다.

이런 비정상적인 살인 중에서도 특이한 것으로 쾌락 살인이 있다. 쾌락 살인이란 살인 그 자체를 저지르면서 쾌락을 느끼는 것이다. 어떤 생각이나 기호를 충족시키기 위해 저지르는 살인이 쾌락으로 연결된다. 이는 극단적으로 비정상적인 한니발 렉터 박사와 버팔로 빌의 세계에 가깝다.

한니발 렉터 박사는 이상(異常)하기 때문에 책임질 능력도 없는가?

이런 비정상적인 살인은 재판에서 어떻게 다뤄질까.

신문이나 TV 뉴스 등에서 '정신이상으로 책임질 능력조차 없다. 그러므로 무죄'라는 말을 한번쯤은 들어본 적이 있을 것이다. 그렇다면 이런 비정상성은 책임 능력에 영향을 미치는 것일까. 만약 비정상이라는 이유로 무죄가 성립된다면 한니발 렉터나 버팔로 빌은 어떻게 되는 것일까. 이들보다 더 비정상적인 사람은 없을 것이다. 비정상 범죄라고 해서 반드시 책임 능력에 영향을 미치는 것은 아니다. 이는 자주 오해되는 부분이기도 한데, 절대로 이상성은 '책임 능력 없음'이나 '무죄'로 이어지지 않는다. 살인이나 강도 살인 등을 저지른 자는 일반인들의 관점에서 보면, 어떤 의미에서는 모두가 비정상자일 뿐이다. 그러므로 비정상이라는 것만으로 무죄가 된다거나 죄를 가볍게 봐주는 일은 절대로 없다.

책임 능력이 지적하는 것은, 의식이나 사고에 관련된 이상성을 말한다. 우리는 '나는 생각한다. 고로 나는 존재한다'라는 말을 알고 있다. 하지만 의식과 사고가 인간 존재의 근본을 이룬다고 할 때, 이 근본에 이상이 있을 경우 죄를 물을 수 있느냐는 것이다. 그래서 인간 행동의 메커니즘을 지배하는 의식이나 사고에 이상이 생겼을 경우에 한해, 비로소 '어쩔 수 없다'고 해서 형벌을 과할 수가 없게 되는 것이다. 예를 들어, 정신병으로 사고가 이리저리 흩어져 갈피를 잡지 못하게 되거나, 의식 장애를 일으키는 경우가 여기에 해당된다.

책임 능력은 이상성과 깊은 관계가 있는데, 이상성이 문제가 되는 것은 아니다. 그것이 의식이나 사고의 이상인지 아닌지가 문제가 된다.

이 점에 대해 한니발 렉터와 버팔로 빌을 통해 알아보자.

앞서 언급한 대로 한니발 렉터를 모델로 한 실제 인물은 사형판결을 받았다. 즉, 책임 능력에는 문제가 없었다는 뜻이지만, 이 경우는 의식장애와 사고장애가 보이지 않았기 때문이다. 힌니발은 의식이 깨끗하고 사고도 명석하고 맑았는데, 실제 사건의 인물도 상황에 따라 사고하고 원하는 것에 대해 정확히 꿰뚫어보는 경이적인 능력을 갖고 있었다. 그래서 당시의 FBI와 조지 부시가 시국적 또는 정치적으로 무엇을 원하는지 감방 안에서 관통해보고, 수사에 협조하겠다는 제안을 해서 사형집행 연기를 이끌어낼 수 있었다.

이런 경우, 아무리 비정상이라고 해도 그 이상함이 의식이나 사고와 관련되어 있다고 보기 어렵다. 그렇다면 어떤 부분이 이상했을까. 바로 성벽과 성격에 있었다. 성벽이나 성격은 본래 사람마다 가지각색이고 다양하기 때문에, 아무리 특이하고 희한하다 해도 책임 능력과는 관계가 없다. 그러므로 책임 능력을 판단하는데 아무런 영향을 주지 않는다.

버팔로 빌의 경우는 어떨까. 모델이 된 실제인물은 책임 능력에 문제가 있는 것으로 판단되어, 살인에 대해 형사 책임을 면할 수 있었다. 버팔로 빌인 에드 게인은 지능이 조금 떨어지지만, 외형적으로는 침착하고 예의가 바르며, 아이들을 좋아하고 지역사회의 봉사에도 참여했다. 또한 험담을 하지 않기로 유명했고, 원만한 회사생활을 하는 보통 사람이었다. 그래서 그의 경우 사고가 이상을 일으킨 것으로 판단되었다. 말하자면 내면이 공동화(空洞化)했다고 생각할 수 있었다. 후자처럼 엽기 살인범에게 형벌을 가

하지 않고 넘어가는 경우는 정말로 그 이상함이 의식이나 사고의 이상인지 아닌지를 신중히 판단해야 하지만, 이런 경우도 있는 것이다.

이상으로 쾌락 살인에 대해 설명했다. 동기 없는 살인도 똑같다. 의식장애나 사고장애가 있다고 해서 말도 안 되는 살인을 저질렀다면, 책임 능력을 판단하는데 영향을 미칠 것이다. 그러나 그렇지 않다면 책임 능력은 있는 것으로 간주된다. 가와사키 맨션 사건에서 피고인은 의식과 사고를 정상적으로 유지하고 있다고 판단하고, 완전한 책임 능력을 갖고 있음이 인정되었다.

책임 능력이 없어서 무죄가 되는 이유는?

마지막으로 남는 것은 의식이나 사고의 이상이 인정되어 '책임 능력 없으므로 무죄'라는 판단에 대한 문제점이다.

앞서 '나는 생각한다. 고로 나는 존재한다'를 인용해서, 책임 능력이 없을 경우 형벌을 면해도 어쩔 수 없다고 했다. 하지만 진짜 그래도 되는 것일까. 아무리 의식과 사고에 이상이 있다고 해도 이상함은 정당성과는 다르다. 그것만으로 무죄가 될 수밖에 없다는 것은 아니다. 비정상이면 비정상인 만큼 정상인에게 위협이 될 수 있다. 또 피해자의 입장에서 보면 불합리하기도 하다. 쉽게 말해 '버팔로 빌에게 형벌을 과할 수 없다는 것을 어떻게 받아들일까' 하는 점이나. 이는 사회 진체적으로 보았을 경우의 형벌 기능과 관련이 있다. 사회 전체적으로 볼 때, 비정상자는 '형벌보다는 치료, 교도소행이 아닌 병원행'으로 판단할 수 있다. 결론적으로 의식과 사고에 이상이 있을 경우, 특히 정신이 이상할 경우는 교도소에 들어가도 증상이 악화될 뿐이다. 그것보다는 교도소가 아닌 병원에 보내서 조금이라도 호전되게 하는 것이 사회를 위해 더 좋은 방법이다. 법은 책임 능력이라는 관념을 인정하고 이것을 완전히 상실했을 경우(심신상실)는 무죄로 판단한다. 또한 완전히 상실하지는 않았지만 현저하게 감퇴했을 경우(심신모약)는 형을 경감해주고 있다. 무죄 방면으로 끝내는 게 아니라, 경감된 사람은 그만큼 병원에서 강제로 정신과 치료를 받아야 한다(의료관찰법).

'무죄'든 '경감'이든 얼핏 보기에는 납득이 안 될 수 있다. 당연히 이상하다고 해서 반드시 죄가 가벼워지거나 죄가 없어진다는 것은 아니다. 사회에서 형벌이 어떤 기능을 완수해야 하는지에 따라, 형벌을 강제적 치료로 대체하는 것일 뿐이다.

본래 이에 대한 사고방식의 큰 틀이 그렇다는 것이고, 구체적인 사건에 적용할 때는 문제가 없도록 주의해야 한다. 예를 들어, 버팔로 빌이나 애드 게인처럼 분명한 엽기 살인범이 형벌을 받지 않고 끝내도 괜찮은지는 전혀 별개의 문제인 것이다. 잘못하면 재판만이 아니라 사회 전체가 이상해질 수도 있다. 서구 사회는 어떨지 모르지만, 동양의 관점에서는 버팔로 빌 같은 경우는 오히려 책임 능력이 인정될 가능성이 크다.

책임 능력이란 무엇인가?

재판에서는 '사안의 선악을 판단하고 자신의 행동을 조절하는 능력'이라고 정의한다. 즉, '의식이나 사고에 이상이 있는지 없는지'를 뜻한다. 하지만 직접적으로 '의식이나 사고의 이상'이라고 정의하지 않기 때문에 더욱 미묘한 판단이 될 여지가 있다. 그 결과 정신감정의 난해함과 어우러져 문제를 필요 이상으로 복잡하게 만드는 원인이 되기도 한다.

19. 〈언터처블〉 브라이언 드 팔머

엘리엇 네스 반장과 알 카포네의 법정 승부

통쾌하지만 무의미한 하드보일드 수사

영화 〈언터처블〉은 1930년 무렵 시카고를 무대로 수사관과 갱
단의 암투를 화려하게 묘사한다.

이때는 금주법과 알 카포네의 암약으로 상징되는 시대였다. 종
교적인 금욕주의에서 비롯된 금주법은 밀주와 지하세계를 만들어
냈다. 또한 암흑가가 구축되어 무수한 갱단들이 생겨났고 사람들
의 마음도 부패해졌다. 술에 관해서는 단속당하는 쪽이나 단속하
는 쪽도 도덕적으로 가까울 수밖에 없다. 이 때문에 암흑세계와
관료들의 유착은 필연적인 결과였다. 무모한 금욕주의의 억압으
로 인해 인간 본성이 발효되어 피어오르는 시대였다. 또한 혼란스

러운 숙성과 권태, 암흑과 타락이 만연했다. 영화 〈언터처블〉에서, 빛바랜 듯하고 지독할 만큼 무모해 보이는 영상은 이 시대 특유의 퇴폐적인 분위기를 고스란히 전해준다.

영화에서 엘리엇 네스 반장으로 나오는 케빈 코스트너는 알 카포네를 상대로 경고 없이 총을 쏘거나 체포된 갱을 갑자기 두들겨 팬다. 또는 법원 옥상에서 '살인청부업자'를 밀어 떨어트리는 등, 일반적인 수사에서는 탈선처럼 보이는 장면을 보여준다.

눈이 찌푸려지는 〈언터처블〉의 한 장면을 살펴보자. 영화의 중반부, 네스 일행이 총격전 끝에 체포한 갱단을 오두막에 가둬두고는 자백을 강요하는 장면이 나온다. 네스 일행이 번갈아 악을 쓰며 어떻게 해서든 자백을 받으려고 해도 갱의 입장에서는 목숨이 걸린 일이다. 암흑가의 제왕 알 카포네가 두려워서 아무것도 토해내지 않는다. 오두막 안에서는 계속 고성이 이어진다. 오두막 밖의 그늘에는 총격전으로 숨진 다른 갱들이 누워있다. 막무가내로 입을 열지 못하게 한 상대에게 네스 일행은 밖으로 나와 가로 누워버린 갱단의 사체를 일으켜 세워 말한다. "불어. 셋 셀 동안 불지 않으면 쏜다." 고함을 지르면 머리에 총탄을 박아버린다. 그것을 창문으로 보고 있던 오두막 안의 갱들은 혼비백산하여 자백하고 만다. 이것은 얼핏 보면 사체를 잘 이용한 절묘하고 예리한 수사라고 생각할 수도 있지만, 실제로 이런 짓은 의미가 없다. 강요에 의한 자백은 절대로 증거가 될 수 없기 때문이다.

강요된 자백은 증거가 될 수 없다

일본의 헌법에는 '강제, 고문 혹은 협박에 의한 자백은 증거가될 수 없다', '누구도 자신에게 불이익이 될 진술을 강요당해서는안 된다'고 되어 있다. 이는 헌법에 규정되어 있을 정도로 중요한개념이며 재판의 철칙이기도 하다.

그리고 그 취지는 문자 이상으로 실제 형사재판에서 철저하게다뤄진다. 구체적으로 말하면, 수갑을 채운 채로 조사한 경우 그자체를 강요라고 보고, 그 조사를 통해 자백을 받아내도 증거로인정되지 않는다. 또한 강제적 수단만이 아니라, 위계적 수단(속임수)을 이용해서 자백을 받은 경우도 증거로는 인정되지 않는다. 게다가 속이지 않았더라도 속인 것과 비슷한 경우도 증거로 인정하지 않는다. 예를 들어 '기소하지 않겠다'라든지 '죄를 가볍게 해주겠다'는 등의 약속을 해서 자백을 받아낸 경우 증거가 되지 않는다. 사실대로 말하면 술을 줄게, 담배를 피우게 해줄게 등과 같이,이익유도를 통해 자백을 받아낸 경우도 마찬가지다.

'자백을 증거로 할 수 없다'는 말의 의미도 철저하다. 강요가 있을 경우, 자백은 아무런 가치가 없게 되고 증거로서의 자격을 잃는다. 즉, 검찰이 자백조서를 증거로 제출해도 그 내용을 읽어보지도 않고 재판에서 배제해버린다(증거배제). 그리고 증거배제의결과, 재판의 판결은 대부분이 무죄가 된다. 대부분의 경우 재판에서 충분한 증거가 없어지는 것이므로, 사건은 '증거불충분'으로 무죄가 된다.

자백의 임의성과 신뢰성

이상의 내용들을 자백의 심리라는 각도에서, 배심원의 입장으로 다시 한 번 살펴보도록 하자.

강요가 행해졌을 경우, 자백은 내용을 읽어보지도 않고 증거에서 배제된다. 따라서 자백에 관해서는 2단계로 심리가 진행된다. 제1단계는 강요가 있었느냐 없었느냐 하는 점에 대한 조사이고, 제2단계에서 처음으로 자백의 내용을 검토하는 절차이다. 제1단계에서는 구체적으로 수사관을 법정에 소환하여 강요 행위가 있었는지 없었는지에 대해 조사를 한다. 영화 〈언터처블〉에서는 엘리엇 네스 반장이 법원에 소환되어 갱을 상대로 어떤 수사를 벌였는지, 자백을 받기 위해 무리한 행동을 하지 않았는지를 조사했다. 피고인(피의자)을 조사한 수사관이 이번에는 피고인 측의 신문을 받게 된다. 말하자면, 이 장면에 관한 한 갱이 아닌 네스 반장이 재판을 받는 꼴이 된다. 그리고 수사관에 의한 강요가 없었다고 확인될 경우에만 제2단계로 넘어간다.

제2단계에서는 자백의 내용을 검토하고, 그게 진실인지 아닌지를 살펴본다. 수사관이 자백을 받아낸 경우는 조서를 꾸미는 것이 일반적이다. 여기서 '검토'란 구체적으로는 조서의 내용을 읽는 것을 의미한다. 그러나 조서라는 것이 상당히 거친 형태이기 때문에 진실인지 아닌지를 판단할 때, 조서를 읽는 것만으로는 안개 속을 헤매는 상황이 될 것이다. 여기서 유효한 판단의 재료가 되는 것이 앞서 설명한 '비밀의 폭로'가 있다.(5. 〈죄와 벌〉 편 참조)

재판에서는 이런 식으로 심리가 이뤄진다. 이에 대응해서 자백에는 '임의성'과 '신용성'이라는 두 개의 사항이 추가된다. 임의성이란 '임의=자발적=강요가 없었다'라는 의미를 갖고 있으며, 제1단계의 심사를 가리킨다. 신뢰성이란 최종적 진실성이란 뜻으로 제2단계 심사에 해당된다. 현재의 배심원 제도에서는 자백의 임의성은 판사만이 판단할 수 있는 사항이다. 단, 임의성에 대한 심사는 인권보장 측면에서도 중요한 사항이기 때문에, 배심원에게도 참고 의견을 구한 뒤, 판사가 결정하도록 되어 있다. 이런 의미에서 배심원은 판사와 함께 문자 그대로 재판에 관여한다고 볼 수 있다.

'자백의 강요가 있었다면 진범이어도 무죄'
이래도 괜찮은가?

앞에서 자백의 강요가 있었을 경우, 그 자백은 내용을 읽어보기도 전에 증거에서 배제된다고 설명했다. 내용을 읽어보지도 않고 배제한다면 그 안에 진짜 자백이 포함되어 있을 가능성도 있을 수 있다. 이것은 진실의 자백까지도 배제되는 일을 상정한다는 사고방식이다. 즉, 진범도 풀어줄 수 있다는 것을 상정하고 있는 것이다. 그리고 그렇게 해도 상관없다는 사고방식이다.

그렇다면 왜 '진범을 풀어줘도 상관없다'고 할 수 있을까. 일부러 진범을 풀어줄 수밖에 없다 하더라도, 자백의 강요로 인한 누명의 위험성을 훨씬 더 중시하기 때문이다. 옛날에는 고문을 통해 자백을 받아내는 일이 다반사로 이뤄졌다. 그리고 자백을 강요당한 사람들 중에는 진범이 포함되어 있을 수도 있다. 그렇다고 해서 고문으로 받아낸 자백을 유죄 인정에 사용한다면, 전혀 죄가 없는 사람도 점점 범인으로 몰릴 수 있다는 것을 훤히 알 수 있다. 이는 인권보장이라는 관점에서도 볼 수 있다. 결론적으로 말하면, 이 부분은 아무리 깊이 생각해봐도 어쩔 수 없는 일일 수 있다. 강요에 의한 자백은 어떤 경우에도 증거에서 배제된다.

알 카포네를 유죄로 단죄하기 위한 방법

의문은 알 카포네와 같은 인물의 경우에도 그렇게 될 수 있을까 하는 점이다. '헌법은 시민이 아닌 알 카포네의 편인가.' 알 카포네는 시민사회에서 협박과 공갈, 강탈, 살인을 마음대로 저지르는 무법자이다. 그런 그가 조금이라도 '강요'받는다고 느낄 때 그 점을 크게 부각시켜 법망을 빠져나간다면, 일반시민이 이해할 수 있을까. '범죄왕' 알 카포네의 경우를 유죄로 단죄하기 위해 몇 가지 방법이 제시되어 왔다. 다음은 실제 재판에서 이뤄진 방법이다. 첫째, 알 카포네의 편에 있는 자들에 대해서는 수사상의 작은 허물은 허용해준다는 사고방식이다. 일반시민을 취조할 때와 갱이나 폭력배를 취조할 때를 동일시하지 않는다는 발상이다. 갱단이나 폭력조직을 상대로 한다면 수사상의 작은 허물은 '강요'로 보지 않는 것이다.

둘째, 자백 자체는 증거에서 배제하지만, 자백의 결과로 얻어낸 물증이나 증서는 별개(배제하지 않음)라는 사고방식이다. 예를 들어, 첫머리에 말한 바와 같이 알 카포네의 수하를 협박해서 자백을 받아낸 경우, 그 자백은 증거에서 배제된다. 하지만 자백을 토대로 얻어진 물증과 장부는 증거로 인정하는 방법이다. 이 증거들로 유죄를 인정하면 되는 것이다. 자백의 결과, 줄줄이 유력한 증거를 찾아낼 수 있을 때 이용하는 것이다. 셋째, 자백은 증거에서 배제하지만, 이를 강요받은 자에 한해서만 이뤄진다. 강요를 받지 않은 자는 별개(배제하지 않음)로 하는 사고방식이다. 예를 들어, 알 카포네의 부하를 협박해서 자백을 받아냈을 경우, 그 부하의 재판에서는 자백을 증거에서 배제하지만, 알 카포네의 재판에서는 증거로 인정하는 방법이다. 그래서 알 카포네를 단죄할 수 있었던 것이다.

이상은 얼핏 보면 문제를 잘 처리한 것처럼 생각될지도 모른다. 그러나 상당히 기교적이라고 할 수 있고, 좀 더 나쁘게 보면 변명처럼 보일 수 있지만, 어쩔 수 없기도 하다. 헌법의 정신과의 관계에서도 문제가 있다.

그렇다면 범죄왕 알 카포네라는 인물을 어떻게 해야만 하는가. 철저히 헌법의 보장을 받게 할 것인가, 아니면 그렇게 하는 것을 정의의 자살이라고 보아야 할 것인가. 앞으로 배심원들의 판단에 달려 있다.

20. 〈제3의 사나이〉 그레이엄 그린
경찰에 협력하여 용의자를 사살했다면?

거장 그레이엄 그린의 의문 투성이 장면 설정

그레이엄 그린은 영국을 대표하는 작가로, 20세기 세계 문학사
에 찬란하게 빛나는 문장가이다. 작품 중에서 〈제3의 사나이〉는
캐롤 리드에 의해 거의 동시에 영화화되어, 영화사에도 남는 명작
이 되었다.

그러나 그레이엄 그린의 〈제3의 사나이〉는 약간 보는 관점을
바꾸면 이해가 되지 않는 점이 있는 소설이다. 줄거리는 이해하기
어려운 의문투성이의 작품이라고 해도 될 정도이다. 소설의 내용
은 대충 다음과 같다.

영국의 작가(로로)는 빈에 있는 옛 친구(하리)의 초대를 받는다.

그런데 빈에 도착해보니 하리는 교통사고로 며칠 전에 세상을 떠난 직후였다. 로로는 하리의 장례식에 참석하고, 친구로서 사고의 상황을 관계자로부터 듣는다. 그러던 중 교통사고 현장에 〈제3의 사나이〉가 있었다는 이야기를 듣고, 사고에 의문을 갖기 시작한다. 이야기는 여기서부터 제2차 세계대전 직후의 빈을 무대로 로로와 함께 미궁에 빠지게 되는 느낌을 준다. 전쟁 중 빈에서는 독일군과 소련군의 치열한 전투가 벌어진다. 전쟁 전에 큰 번성을 누렸던 음악과 예술의 도시는 대부분 폐허가 된다. 그러나 그 폐허 밑에는 변하지 않고 존재하는 지하수로의 세계가 있었다.

로로는 분명 죽었어야 할 하리의 모습을 우연히 보게 된다. 하지만 몇 초의 찰나에 불과했고 하리로 여겨지는 그 인물은 광고탑 뒤로 홀연히 사라져버린다. 당시의 빈에서는 거리의 광고탑이 지하로 연결되어 있어서 또 다른 세계로 가는 입구 역할을 했다. 탑의 내부는 나선형 계단 형태로 되어 있고 지하의 수로로 연결되어 있었다. 로로는 하리의 다른 얼굴을 보게 된다. 하리는 폐허가 된 빈의 암흑세계에서 보스가 되어 예전과는 다른 사람이 되어 있었다. 살아 있는 것으로 판명된 하리. 교통사고로 사망한 것처럼 위장해서 경찰의 추적을 피하려고 한 것이 아닌지 하는 의심을 갖게 하는 부분이다. 그는 자신의 부하를 살해하고 그 사체를 이용해 교통사고처럼 위장하지 않았는지 의심을 받게 된다.

〈제3의 사나이〉는 하리였던 것이다. 로로는 하리를 체포하기 위해 경찰에 협력하기로 결심한다. 경찰과 함께 하리를 지하의 수로에 몰아넣은 다음, 도망가는 하리를 쏜다. 지하수로의 분뇨 웅덩이에 빠지면서도 끝까지 도망가려는 하리를 향해 한 발, 그리고 상처를 입고 수로에서 올라와 쓰러져 있는 예전의 친구에게 다시한 발을 발사한다. 두 번째 발사는 '더 이상 그의 신음소리를 듣는 것을 견딜 수가 없어서'라며 완전히 숨통을 끊어 놓는다.

이 스토리를 로로의 관점에서 읽어보면 처음에 빈으로의 여행에 나서 옛 영화를 지닌 폐허가 된 도시로 들어간다. 그리고 점점 수수께끼에 다가가는 듯한 '접근법'을 쓰는데, 이에 대해 특별한 위화감은 없을지 모른다. 그러나 하리의 관점에서 보면 갑자기 이야기의 구성이 안 되는 것 같다는 생각이 든다. 도대체 하리는 왜 옛 친구를 초대한 것일까. 로로는 하리의 초대를 받아 미궁에 발을 들여놓게 되지만, 하리의 입장에서 보면 왜 로로를 일부러 빈으로 초대했는지 이유를 알 수 없다. 하리가 자신의 부하를 살해하고 그 사체를 이용해 교통사고를 당한 것처럼 위장하는 점도 생각해보면 이해가 되지 않는다.

또 이 소설은 하리가 타인의 사체를 매장하고 자신이 죽은 것처럼 하는 부분으로부터 시작한다. 그러나 세상에서 그런 일을 쉽게 할 수 있다고 생각한다면 그건 위험한 발상이다. 사체를 둘러싼 현실의 법제도를 무시한 설정이다. 게다가 로로는 마지막에 하리를 총으로 쏴 죽인다. 로로의 관점에서 보면 '하리는 예전의 친구가 아니다'라는 이야기이지만, 총에 맞은 하리의 입장에서 보면 있을 수 없는 일이다.

로로의 행동은 경찰과 함께한 것이기는 하지만, 개인이 그런 일을 해도 되는 것일까. 이런 의문을 실제라면 어떻게 될지 살펴보자. 이 과정을 통해, 사회 시스템 안에서 형사법의 본질이 무엇인지 파악할 수 있을 것이다.

죽었던 하리가 살아 있었다, 시체 바꿔치기는 쉬운가?

〈제3의 사나이〉에서 하리는 조직원들을 모아, 사고 목격자 역, 가해자인 운전사 역 등, 역할을 분담한다. 그런 다음 교통사고가 일어난 것처럼 연기를 한다. 사전에 준비한 부하의 사체를 이용해 자신이 교통사고로 사망한 것처럼 위장한다. 또한 주치의를 매수해서 살인에 의한 사체가 아닌 교통사고사에 의한 사체로 증명서를 쓰게 했다. 실제로 이런 일이 가능할까. 현실 사회의 법률적 행정적 시스템은 어떻게 되어 있을까.

그레이엄 그린의 〈제3의 사나이〉에서는 다양한 사전 교섭을 통해 교통사고로 위장했다. 그러나 애써 교통사고사로 위장한다 해도 그것만으로는 의미가 없다. 교통사고든 의료사고든 사법적 부검을 실시하기 때문이다. 이 경우 사체는 대학의 의학부로 보내져 법의학 전공자에 의해 사인에 대한 세밀한 조사가 이뤄진다. 이것이 다른 사건으로 죽은 부하의 시체라면 단번에 나르다는 것을 알 수 있게 된다. 정밀하게 조사하기도 전에 사후 경직도와 시반(屍班, 사람이 죽은 후 약 10시간 쯤 지나서 피부에 나타나는 자줏빛 반점)이 다르기 때문이다. 원래 범죄에 연루된 것으로 보이면 반드시 이런 절차가 행해진다. 교통사고사일 경우 업무상 과실치사죄나 자동차 운전 과실치사죄의 혐의를 받게 된다. 이 또한 범죄에 연루되었을지 모른다는 관점은 달라지지 않기 때문에, 사법 해부가 행해진다. 사법 해부가 행해지는 것은 살인이나 상해치사 등의 경우에 한해서만 이뤄지는 것이 아니다. 또한 사법 해부 전에는 검찰에 의한 검시가 이뤄진다. 그레이엄 그린은 교통사고사로 위장할 수 있다면 그걸로 끝이라고 생각했을지 모르지만, 그렇다고 해서 바뀌는 것은 아니다.

그밖에도 행정 해부가 있다. 행정 해부란, 범죄와 관계가 옅은 경우라도 만일을 대비해서 확인해두려는 것이다. 예를 들어 줄에 목이 매달린 사체가 발견되었다고 가정해보자. 이 경우 일반적으로 생각하면 자살이지만 바로 자살이라고 판단하지 않는다. 확실한 자살의 동기가 없을 때는 행정 해부를 행한다. 자살로 위장한 살인의 가능성도 고려해야 하기 때문이다.

독거노인이 자택 아파트에서 고독사로 발견되었을 때도 마찬가지이다. 자택에서 고령자가 계단으로 떨어져 부딪친 곳이 잘못되어 사망한 듯한 경우에도 행정 해부가 이뤄진다. 이처럼 사인을 특정하는 것은 가족이 귀찮다고 생각할 정도로 세밀하게 이뤄져야 한다. 따라서 〈제3의 사나이〉처럼 자신의 편만을 매수해서 살해된 사체를 매장해서 끝내는 일은 가능한 일이 아니다.

사인뿐만 아니라 사체가 누구인지에 대해서도 매우 신중한 절차가 진행되고 있다. 가족의 확인과 소지품 및 신분증 등으로도, 누구인지 알아내기 어렵다고 판단하면 치과 치료 기록 등도 조사하게 된다. 단순한 사체의 오인만이 아니라 작위적인 사체 바꿔치기의 가능성에 대해서도 주의를 기울이는 것이다. 예를 들어 화재로 사체 손상이 심할 경우, 사체가 그 집의 주인이 틀림없다는 가족의 말만으로 끝나지 않는다. 빚에 쫓기는 집 주인이 자신의 연령과 비슷한 누군가(노숙자 등)를 살해한 다음, 자택으로 옮겨 방화를 한 후, 가족이 보험금을 받아 도망을 간 사건도 있었다. 〈제3의 사나이〉에서 경찰도 매장된 남자가 하리라고 생각했다. 그러나 행방을 뒤쫓던 남자가 갑자기 사망했는데도 불구하고, 사체를 확인하지도 않은 채 경찰이 납득한다는 것은 상식적으로 이해가 되지 않는다.

**도망가는 옛 친구를 사살한 로로는
'경찰에게 협력했을 뿐'으로 끝나는가?**

마지막에 로로는 경찰과 협력해서 하리를 총으로 쏜다. 형사법

제에서 로로의 행위에 대해 이렇게 평가할 수 있을까. 우리 사회에서 범죄자 규명이나 체포에서 일반인의 행동은 어디까지 허용되는 것일까.

일반인의 범죄자 체포에 관해서는, 참여할 수 있는 범위에 대해 법으로 정해놓고 있다. 일반인이 할 수 있는 것은 현행범 체포에 한해서이며, 그 외의 일은 할 수 없다. 현행범에 한해서란, 예를 들어 가게의 점원이 물건을 훔치는 범죄자를 잡는 것 등이다. 바꿔 말하면 그밖의 행위는 할 수 없다. 따라서 법률상으로는 사립탐정이 수사를 하고 범인을 찾아내서 체포하는 것도 안 된다. 만약 체포하면 역으로 '체포죄'라는 범죄가 된다. 미행조차도 집요하게 하면 범죄가 된다(경범죄법 위반). 만약 개인에게 허용된 범위에서 현행범을 체포한다 하더라도, 체포란 신체 확보를 의미하기 때문에 범죄자에게 상해를 입히는 것은 포함되지 않는다. 이는 개인이 단독으로 행동할 경우를 말한다. 그렇다면 경찰에게 협력함으로써 이뤄지는 행위는 어떻게 될까. 경찰에 대한 협력은 일반인의 의무라고 할 수 있다. 따라서 경찰과 협력할 때는 좀 더 넓은 범위에서 역할이 가능해진다.

〈제3의 사나이〉에서 로로는 경찰과 협력해서 하리를 유인하는 미끼 역할을 한다. 이를 법률적으로 보면 경찰의 통상 체포(체포영장에 의한 일반적인 체포)에 협력하는 행위가 된다. 이런 행위는 일반적으로 인정된다. 원래 일반인은 단독으로 현행범을 체포하는 것이상은 할 수 없지만, 경찰과 협력하면서 이뤄지는 행동은 통상 체포도 가능하다. 그러나 이것도 무제한적이지는 않다. 또한 무기의 사용이나 신체 가해 행위 등, 좀 더 큰일을 할 수 있느냐고 하면 이것은 또 다른 문제이다. 예를 들어 미끼 역할만 하는 것이 아니라 범인을 봉으로 때려 기절시키는 일은 어떤가. 이것은 당연히 인정되지 않는다. 근대적 법치국가에서는 경관이라 해도 무기사용이나 신체 가해 행위는 엄격히 제한되어 있기 때문이다.

그렇다면 경찰의 행동 범위는 어디까지 가능할까. 경관이라면 봉을 휘둘러도 괜찮다고 생각할 수 있지만 법률상으로는 그렇지 않다. 무기사용은 저항배제나 도망방지 등을 위해 필요할 경우에만 비로소 인정된다. 그것도 상대방에게 상처를 입히지 않는 범위 내에서 무기사용이 허용된다. 무기사용으로 인한 상해까지 인정하는 경우는 조금 다르다. 그렇게 해야 할 필요성, 긴급성을 따져서, 경관이 위험에 처한 경우나 범인이 흉악한 범죄를 저지른 경우 등으로 제한적이다. 예를 들어 데모 군중과 경관이 대치하다가 데모 참가자가 경관에게 화염병을 던질 수 있을 것이다. 이때 이를 막기 위해 경관이 봉으로 제압하고, 화염병을 던지려던 사람이 부상을 당하더라도 이는 어쩔 수 없는 일로 판단한다.

그러나 도망가는 데모 참가자에게 단순히 위법이라는 이유만으로 봉을 휘둘러서 상처를 입히는 행위는 인정되지 않는다. 이때 미묘한 부분이 있다. 즉, 화염병을 던진 후 도망가는 데모 참가자를 봉으로 때려 부상을 입힐 경우이다. (일반론적으로는 가능한 일이지만 구체적인 상황으로 봤을 때는 그 방법밖에 없었는지를 묻게 된다.) 어쨌든 상대가 범죄자 혹은 범죄 용의자라 할지라도 무기를 사용해서 위해를 가하는 일은 미묘한 문제가 남게 된다. 더구나 경관이 용의자를 죽이게 되면 더 큰 문제가 된다.

주인공은 살인죄

〈제3의 사나이〉에서 주인공인 로로는 경관과 함께 하리를 쫓아 지하수로에 뛰어든 하리에게 두 발을 쏜다. 로로가 첫 번째 총을 쏘기 전, 하리가 먼저 쏜 총탄에 경관이 맞았다. 하리에게 첫 번째 발사한 것은 경찰이 "쏴!"라고 했기 때문에 문제가 없다. 그러나 두 번째 발사는 첫 발이 명중해서 부상을 입고 지하의 수로에 쓰러져 있는 하리를 향해 쏜 것이었다.

저항할 수 없는 범인에게 총을 발사하는 것은 경관이라고 해도 절대로 인정되지 않는 일이다. 게다가 일반인이 할 수 있는 일은 더더욱 아니다. 경찰이라도 용서받지 못하는 일이다. 이 때문에 '경찰에게 협력'했다는 이유로 정당화될 수 있는 일이 아니다. 이는 살인이며 로로는 살인죄로 기소해야 마땅하다. '아무리 그렇게 말해도 실제라면 경찰은 불문에 부치지 않을까. 협력을 구한 것은 경찰이었잖아.' 이런 생각도 틀렸다. 만약 경찰이 불문에 부친다고 해도 사회의 법 시스템에서는 용서받지 못할 행동이다. 이 경우 하리의 사체는 사법 해부로 넘겨진다. 두 발의 총탄을 빼내고 어떤 자세였을 때 어떤 각도로 두 발이 발사됐으며, 얼마나 가까운 거리에서 발사한 것인지를 밝힌다. 〈제3의 사나이〉에서 경찰은 로로의 두 번째 발사에 대해 "이 일은 모르는 일입니다"라고 말하면서 끝난다. 그러나 '모르는 일입니다'로 끝날 일이 아니다. 즉, 그레이엄 그린의 〈제3의 사나이〉는 사회 전체의 법률 구조에 개의치 않고 쓰여진 작품이다.

Part 05

현대의 미스터리가 그리는 '어둠과 빛'

동정할 만한 살인은 형량을 얼마나 감해야 할까?

옆방 모녀가 저지른 살인을 동정해

고독한 수학교사 X가 취한 행동은?

〈용의자 X의 헌신〉은 본격 미스터리 대상을 수상한 수작이다. 이 소설을 소재로 살인죄의 최저형에 대해 살펴보겠다. 단, 앞으로 말할 내용은 매력적인 추리소설에 대한 반전도 포함되어 있으므로 이 점을 미리 참고하도록 하자. 수학교사 X는 중년이지만 검소한 아파트에서 독신으로 고독한 생활을 보내고 있었다. 그는 옆방으로 이사 온 모녀에 대해 좋은 첫인상을 갖게 되었다. 특히 엄마에 대한 감정은 호감 이상이었다. 수학교사인 X의 내면에서 그녀는 회색빛 일상에서 피어나는 단 하나의 빛과 같은 존재였고,

암흑 속을 희미하게 비추는 등불 같은 존재였다. 그녀는 두 번의 이혼 경험이 있는 도시락가게에서 일하는 30대 여성으로, 첫 남편과의 사이에서 낳은 중학생 딸과 함께 힘겹게 살고 있었다.

어느 겨울 밤, 수학교사 X가 자신의 방 책상에 앉아 있을 때였다. 옆방에서 퍽! 하는 소리가 들려왔다. 그날 밤 옆방에는 두 번째 전 남편이 와서 돈을 뜯어내려 하고 있었다. 헤어진 후에도 끈질기게 따라다녔는데 이번에도 이사 온 아파트까지 찾아왔던 것이다. 남자는 전 부인에게 돈을 뜯어내고 자신의 혈육이 아닌 딸을 가리키며 '좀 더 크면 술집이든 어디든 나가서 일해라'라며 일방적으로 내뱉고 돌아가려 했다. 그러자 그 말을 듣고 있던 딸이 꽃병을 들고 남자의 뒷목을 내려쳤다. 목을 잡고 웅크린 남자는 '뭐하는 짓이냐!'라고 외치면서 감정을 주체하지 못해 딸을 때리고 걷어차는 등 거침없이 폭력을 휘둘렀다. 딸이 쓰러진 뒤에도 개의치 않고 전 남편의 폭행은 계속되었다. 엄마는 '그만 해, 그만 해'라고 비명을 지르며 제지하려고 하지만, 완전히 열이 받은 남자는 전 부인까지 밀치며 딸에게 폭력을 퍼부었다.

밀쳐진 엄마는 결국 전선을 뽑아 양손에 쥐고 딸을 때리는 남자의 목에 걸어 온힘을 다해 당긴다. 딸도 남자의 가슴을 필사적으로 누른다. 둘이 정신을 차렸을 때 남자는 죽어 있었다.

수학교사 X가 들은 퍽! 하는 소리는 딸이 남자의 뒷목을 꽃병으로 내려친 소리였다. 그리고 연이은 쿠당탕! 하는 소리는 싸구려 아파트의 얇은 벽을 뚫고 그대로 들려왔다. 심상치 않은 일이 일어났다고 생각한 X는 옆집을 방문한 뒤, 모녀가 동정을 살 만한 살인사건을 일으켰다는 사실을 알게 된다.

X는 옆방의 모녀를 돕기 위해 초고속으로 머리를 굴린다. 자신의 특기인 논리적 사고능력을 발휘해서 완벽한 알리바이를 만들어내는 것이다. 지금부터가 반전이다.

수학교사 X는 자신의 공작을 완벽히 하기 위해 알지도 못하는 노숙자를 죽인 다음 피해자로 내세운다. 이렇게까지 해두면 알아차릴 수 없겠지, 전혀 추리하지 못하겠지, 라고 생각했겠지만, 그의 행위는 할 말을 잃게 한다. '그렇게까지 할 필요가 있을까'라는 심정으로 'X의 헌신'이라고 제목을 지어도 될 듯하다. 그러나 솔직히 말하면 '있을 수 있는 일인가'라는 의문이 뒤따른다.

살인죄는 어디까지 감형이 가능한가?

'X의 헌신' 동기는 동정할 만한 살인을 저지른 모녀를 지켜주기 위한 것이다. 하지만 그대로 모녀가 방에서 살인을 저지르고 제정신이 돌아왔을 때 두 사람은 얼마나 고통스러웠을까. 수학교사 X는 모녀가 엄청난 형벌을 받을 것이라고 생각했기 때문에 놀라울 정도의 '헌신'을 했겠지만 과연 그랬을까.

동정할 만한 살인은 어떤 종류의 형을 선고받을까. 모녀 살인의 특징은 ①과잉방위가 성립된다는 것, ②남자(피해자)가 끈질기게 따라다녔다는 것, 이 두 가지를 들 수 있다.

엄마의 행위는 폭행을 당하는 딸을 지키기 위한 행동이었기에, 당연히 정당방위이거나, 혹은 과잉방위 문제가 될 수 있다. 맨손으로 폭력을 휘두르는 남자를 살해했기 때문에, 정당방위라고 말하기 어렵고 과잉방위가 성립된다.

딸 또한 마찬가지이다. 처음에 폭력을 사용한 사람은 꽃병으로 피해자의 목을 내려친 딸이다. 하지만 그 뒤 남자가 딸에게 가한 폭력은 딸과 비교해서 질적으로 다르다. 이 경우 먼저 손을 댄 쪽이라 해도 정당방위는 성립되지 않는다.

하지만 먼저 공격을 했다 하더라도 그 후의 경과는, 그것과는 단절된 것으로 볼 수 있다. 처음에 공격한 사람은 나약한 여자아이로 일회적인 공격에 불과하다. 이에 반해 나중에 행해진 성인 남자의 폭행은 거칠고 연속적인 것으로, 분위기로 봐서 최초의 공격과 단절된 것으로 볼 수 있다. 즉, 딸의 처음 행위는 상해죄에 해당되기는 하지만, 그 뒤 시간의 경과에 대한 법률적 판단으로는 행위가 단절된 것으로 볼 수 있다. 그리고 중요한 그 후의 살인은 남자의 폭행에 대한 과잉방위가 성립된다.

그런데, 과잉방위가 성립되는 경우는 살인이라도 형이 많이 줄어 평균 6~7년 형이 선고된다는 것은 이미 앞에서 말했다(3. 〈이방인〉편과 9. 〈나이아가라〉편 참조). 또한 과잉방위에도 거기에 더해, 가정폭력, 스토킹 등 상대방의 행위가 있다면, 형은 더욱 내려가 살인이라도 집행유예를 선고받는 일이 드물지 않다.

집행유예는 직접 교도소에서 복역할 필요 없이, 유예 기간을 그대로 경과하면 결코 교도소에 갈 일이 없어지는 것이다(따라서 여기서 '유예'는 단순한 연기의 의미와는 다르다).

예를 들어 '징역 3년, 집행유예 4년'의 선고를 받게 되면, 징역 3년으로 복역을 반드시 해야만 하는 것이 아니라, 일단은 자유의 몸으로 아무 일 없이 유예 기간 4년이 흐르면, 교도소에 갈 필요가 없어져 형이 소멸되는 것이다.

한편으로, 유예 기간 4년 동안 또 범죄를 저지르면, 유예가 취소되고 징역 3년을 복역하지 않으면 안 된다(새로 지은 죄에 3년이 더해진다). 요컨대 선고를 받은 뒤에 평범한 시민으로 생활하면 교도소와는 인연을 맺지 않고 끝낼 수 있다.

결국 추리소설 〈용의자 X의 헌신〉에서도, 집요하게 따라다니는 전 남편을 죽인 도시락 가게 여성에게는 집행유예가 내려져 교도소에 가지 않고 끝날 가능성이 적지 않았다. 원래 중학생인 딸은 14세가 되었다고 해도, 과잉방위 등의 정황을 고려해 형사재판에 부쳐지지도 않고 가정재판소의 조치로 끝날 일이어서 불기소 처분으로 끝날 공산이 컸다. 'X의 헌신'이 없어도 두 사람의 법적 지위는 애초부터 그렇게 되어 있었다.

수학교사 X에게 내려진 형벌

옆방의 모녀는 X가 헌신해야 할 정도로 비관적인 상황은 아니었다. 살인 사실을 숨기지 않아도 교도소에 가지 않을 가능성이 컸다. 확인도 하지 않고 숨기려고만 한 나머지 새로운 살인까지 저지르게 된 수학교사 X는 굉장히 경솔했던 것이다. 결국 돌이킬 수 없는 짓을 했다고 말할 수밖에 없다.

이런 X에게는 엄벌이 내려졌다. X가 '헌신'하려고 벌인 살인사건에서 안타까운 점은 아무런 관계가 없는 노숙자를 희생시킨 것으로 노숙자를 인간으로 취급하지 않았다. 인간의 목숨을 자신의 계획을 위한 단순한 수단같이 취급하고, 인간의 생명을 경시한 태도가 두드러진다. 인명 존중에 대한 이념은 살인의 경우에 매우 중시되는 관점이다. 인명 경시의 정도가 지나쳤던 'X의 헌신'에는 특히 큰 벌이 내려진다. X는 피해자처럼 보이게 하려고 노숙자의 얼굴을 짓이기는 짓도 서슴지 않았다.

X의 범행은 옆방의 모녀를 지키기 위해 한 행위였지만, 그렇다고 해서 형량이 경감될 가능성은 희박하다. 아무 상관없는 노숙자를 마치 물건처럼 희생시킨 일은 X의 동기를 인간적 발로라고 보기 어렵다. 단순히 중년 남자의 편애 혹은 아집으로밖에 보이지 않는다. 즉, 독선적이고 편집중적인 행동으로밖에 평가할 수 없다. 수학교사 X에 대한 처벌은 유기징역의 상한(징역 20년) 정도가

될 것이다.

옆집의 모녀도 불편해진 용의자 'X의 헌신'

객관적으로 볼 경우 모녀에게 X가 할 수 있는 최대의 헌신은, 그들에게 바로 자수하도록 해서 있는 그대로 말하라고 조언하는 것이었다. 사건 발생 직후 바로 자수했다면 집행유예로 끝날 가능성이 매우 컸다. 가령 'X의 헌신'이 완벽히 끝났다고 하더라도, 재판을 받고 집행유예를 받아 당당히 자유의 몸이 될 수 있다면, 모녀에게 어느 쪽이 좋을 것인지는 말하지 않아도 알 수 있다.

만약 재판에서 집행유예가 되지 않더라도 단기간의 복역으로 끝날 것이 틀림없다. 복역 태도가 좋으면 가석방으로 더 빨리 나올 수도 있기 때문에, 'X의 헌신'으로 맘 졸이면서 생활할 필요도 없을 것이다. 이뿐만이 아니다. 만약 일이 잘 진행되지 않았더라면 모녀는 당연히 노숙자 살인 공범으로까지 의심받을 수도 있다. 또 어차피 'X의 헌신'은 모녀의 방에 있던 남자(전 남편)의 사체를 처리할 필요도 있을 것이다. 또 다른 죄를 저지를 수밖에 없다. 모녀에게 직접적인 도움을 받지 않았다고 해도 X만이 아니라 모녀에게도 사체 유기죄가 성립된다. 이런 상황을 '공모공동징벌'이라고 한다. 수학교사 X는 사체를 자신의 방으로 옮긴 뒤, 모녀에게는 아무 말도 하지 않고 사체를 토막낸 뒤 유기했다. 하지만 사체를 현장에서 다른 곳으로 이동시킨 것만으로도 사체 유기죄가 성립된다. 게다가 자수할 기회도 없어진다.

소설에서는 마지막에 딸의 엄마가 경찰서에 출두하는데, 뒤늦게 경찰에 출두해봐야 자수는 성립되지 않는다. 우선 용의자로서 수사를 받게 되며 법률적으로 자수로 취급되지 않는다. 수학교사 X는 헌신할 의도였지만 결국 옆방의 모녀를 좋지 않은 방향으로 이끌어간 것이다.

〈용의자 X의 헌신〉은 추리 작품으로 볼거리가 매우 풍부하다. 그러나 사회의 현실 감각과는 아무래도 맞지 않는 부분이 많다. 수학교사 X처럼 되지 않으려면 일반인도 형사재판에 대해 어느 정도 알아 두는 것이 좋다.

동정해야 할 살인과 집행유예의 가능성

살인죄의 법정 최저선은 '징역 5년'으로 되어 있다. 다른 방법으로 집행유예가 될 경우는 3년 이하의 형을 선고받는다. 단, 살인사건에 관해서는 바로 집행유예를 받을 수는 없다. 그러나 동정할 만한 사정이 있을 경우 법정형 최저선의 반으로 감형해준다. 이 때문에 살인사건에도 어느 정도 감경이 되면 집행유예가 될 가능성이 있다. ('징역 5년'의 하한이 '징역 2년 6개월'이 될 수 있다.) 결국 '동정할 만한 살인은 집행유예로 풀려날 수 있다'는 말이 된다.

살인이라도 집행유예가 되는 경우

살인에 대해 집행유예를 받는 것은 예외적이다. 하지만 본문에 나온 내용 이외 채무로 인한 살인, 병수발 등으로 인한 살인, 가정 내 폭력으로 고통 받는 아이를 구하기 위한 살인의 경우는 집행유예가 될 가능성이 있다. (단, 피해자가 한 명일 경우라는 전제에서다.) 이런 경우 집행유예가 되지 않더라도 대부분은 징역 3~4년 정도로 끝난다.

22. 〈모방범〉 미야베 미유키
주인공 피스의 엽기적 살인은 무죄일지도?

소설 〈모방범〉에서 묘사된 특이한 극장형 범죄의 끝

미야베 미유키의 대표작인 〈모방범〉은 '스머프(일본의 아이돌 그룹)'의 나카이 마사히로(中居正廣)가 주연을 맡아 영화로도 개봉되었다. 그런데 이 소설은 특별히 모방범에 대한 내용을 다룬 것도 아니고 모방범이 등장하는 것도 아니다. 이야기의 에피소드 중 한 장면을 상징적으로 인용해 제목으로 사용했다.

범인은 대화를 하던 중 무심코 던진 결정적인 한 마디로 인해 범행이 탄로난다. 소설 〈모방범〉은 범죄에 관련된 여러 인간군상을 묘사하고 있다. 이 소설은 단순히 범죄를 하나의 사건으로만 다룬 것이 아니라 범죄라는 하나의 사건을 통해 인간상이란 무엇인가를 뚜렷이 보여주고 있다.

　일가족 살해사건의 범인과 피해자, 그 사건에서 살아남은 단 한 명의 소년, 사건의 범인이 아빠라고 생각하는 소녀, 악마에 씌운 듯 엽기적인 살인사건을 벌이는 연쇄 살인범, 그 살인범을 배후에서 조종하는 공범자, 그리고 억울하게 죄를 뒤집어 쓴 사고사망자와 그 한을 풀려는 용의자의 가족, 그리고 사건 관련자를 악착같이 따라다니는 미디어 관계자 등 다양한 인간군상이 소설 속에 펼쳐진다. 소설의 등장인물 모두 주인공이라 해도 과언이 아닐 정도로 다들 자세히 묘사되고 있지만 특히 주목해야 할 사람은 나카이가 연기하는 소설 후반부의 주인공 '피스'이다. 피스는 중학교 시절 범죄의 세계에 발을 들인 동창생 A를 이용해 엽기적인 살인을 저지른다. 특별한 이유도 없이 그저 재미로 엽기적인 살인사건을 일으킨다. 그는 피해자의 유품을 가족에게 보낸 뒤 그들의 반응이 어떤지 살펴보는 것도 모자라 매스컴에 범행 사실을 알려 일본이 발칵 뒤집히는 모습을 지켜본다. 즉, 범행을 단순한 게임처럼 생각하며 즐기는 것이었다. 그러던 중 A와 또 다른 동창생 B가 탄 차가 우연히 사고를 당해 둘 다 숨지는 사건이 발생한다. 그런데 트렁크에서 시체가 하나 발견된다. 그로 인해 사람들은 A와 B가 엽기적 살인사건의 범인이라 생각하게 되고 피스는 용의선상에서 제외된다. 오히려 성격 좋고 사교성 있던 동급생 B가 사건의 공범자 취급을 받게 된다. 그런 상황을 받아들일 수 없던 B의 여동생이 오빠의 결백을 밝히려 하는데 이때 피스가 여동생을 도와주는 척하며 매스컴에 당당히 나선다. "B는 사건에 휘말린 것뿐이다." "진짜 범인은 따로 있다." "그놈이야말로 주범이다." 피스는 이렇게 주장한다. B의 여동생에게 피스는 오빠의 친구이자 자신을 이해해주는 최고의 조력자인 동시에 정신적 지주와도 같은 존재가 되었다. 그러던 중 피스는 B의 여동생에게 "나는 진실을 알고 있는데 사실 B가 진범임에 틀림없어"라고 은밀히 고백한다. 이에 충격을 받은 B의 여동생은 결국 자살을 선택하고 만다.

이처럼 피스는 영리하고 자신만만하지만 인간미라고는 전혀 없어 도저히 호감을 가질 수 없는 존재로 그려지고 있다. 결국 마지막에 피스는 체포되고 만다. 사실 그의 계획은 본인이 생각한 것만큼 완벽하지 않았다. 경찰의 끈질긴 수사가 진행되며 그는 결국 꼬리를 잡히고야 만다. 경찰이 피스의 별장을 수색하자 거기에서 다수의 시체가 발견된다. 결국 피스가 범행을 모두 자백하면서 이 소설은 끝을 맺는다. 재판에서 피스는 어떻게 되었을까? 연쇄 엽기 살인범으로서 사형을 선고받았을까?

체포된 피스에게 어떤 계략이 남아 있을까?

조금 악취미일지도 모르지만 체포된 피스는 결국 항복할 수밖에 없었던 것일까? 아니면 어떤 다른 계략이 남아 있었던 것일까에 대해 생각해보자. 소설 〈모방범〉은 피스의 별장 부지에서 수많은 피해자의 시체가 발견되며 막을 내리고 있다. 이것을 보통 '움직이지 않는 증거'라고 말한다.

그러나 이런 경우 용의선상에서 벗어날 수 있는 방법이 있다. 피스가 '별장을 동창생 A와 B에게 빌려주었다'고 주장한다면 피스와 별장과의 관계는 이걸로 끝이 나고 A와 B에게 초점이 맞춰지게 된다. 특히 A와 B가 사고 당시 타고 있던 자동차에서 이미 사체가 하나 나왔기 때문에 피스는 충분히 용의선상에서 벗어나기 쉽다.

소설 〈모방범〉에서 피스는 예전에 엄마를 죽여 별장 대지에 묻었는데 사체 발굴 작업 중 엄마의 백골 사체도 함께 발견된다. 이한 건은 도저히 용의선상에서 피해갈 수 없겠지만 나머지 사체에 관해서는 모두 A와 B의 탓으로 돌린다면 충분히 그의 체포시기를 늦출 수도 있다. 그가 만약 이런 식의 주장을 하게 되면 수사당국은 그의 주장을 쉽게 무너뜨릴 수는 없다. 피스가 별장을 A에게 빌려준 것은 사실이며 B도 한번이긴 하지만 별장에 온 적이 있다. 그리고 그때 별장 근처의 카페 종업원이 A와 B를 목격했다. 모든 진상을 알고 있는 A와 B가 다 죽었기 때문에 피스의 변명이 사실이 아니라는 것을 증명할 사람은 아무도 없었다. 하지만 피스가 실제 법정에서 이렇게 주장을 한다면 배심원은 분명 그의 태도에 배신감과 짜증을 느낄 것이다. 왜냐하면 피스가 체포되기 전 매스컴을 통해 B는 결백하며 공범자는 따로 있다고 주장했기 때문이다. 그런데 이제 와서 A와 B가 공범이라고 주장하는 그의 말을 있는 그대로 순순히 받아들일 사람은 아마 없을 것이다.

그러나 앞에서도 설명했지만 형사재판은 어디까지나 검찰 측의 입증이 충분한지 아닌지를 판단하는 것이지 검찰 측과 피고 측 중 어느 쪽의 주장이 더 타당한지를 판단하는 것은 아니다(2. 〈젊은이의 양지〉 편 참조). 그러므로 피고인의 증언이 앞뒤가 다르고 일관성이 없어 그저 변명하는 것처럼 보일지라도 그것이 피고인이 유죄라는 증명이 되지는 않는다. 결국 다른 객관적인 증거가 있는지가 문제로 된다. 피스의 주장이 거짓말처럼 보이더라도 그것이 유죄인지 무죄인지를 판가름하는데 영향을 끼치지는 않는 것이다.

재판에서는 '결정적 한마디'가 결정적인 증거가 되지 않는다

그렇다면 피스와 사이가 좋지 않던 여성 리포터가 피스를 "모방범"이라고 도발하자 무심결에 "원조다"라고 외친 점은 어떨까? 그 단 한마디로 범인인 것이 들통 나게 되는 이 장면은 총 다섯 권에 달하는 원작의 클라이맥스에 해당하는 것이다. 이 여성 리포터의 한마디가 이 책의 제목이 되었다.

보통 사람들이라면 이것이 '결정적인 한마디'라고 생각할 것이다. 하지만 재판에서는 의외로 무심코 던진 발언은 중요한 증거라고 여기지 않는다.

이를 뒷받침하는 다음과 같은 예를 살펴보자. 취조 당시 피의자가 범행을 전면 부인하던 사건이 있었다. 그런데 범행 현장에서 피의자가 "좀 더 안쪽이었던 것 같은데…"라고 무심결에 말을 내뱉었다. 하지만 재판에서는 이런 그의 발언을 중요하게 여기지 않았기 때문에 그는 결국 무죄를 선고받았다. 또 살인사건의 재판 중 피고인이 구치소에서 "징역 10년 정도는 어쩔 수 없지 뭐"라는 말을 했는데 이 사건 또한 무죄 판결을 받았다.

다시 말해 '결정적인 한마디'는 사실 재판에서는 결정적인 증거가 되지 않는다는 말이다. 왜냐하면 사람들은 무심코 장난으로 거짓말을 하기도 하고 화가 치민 나머지 사실과 다른 말을 내뱉는 경우도 있기 때문이다. 그보다 근본적으로 재판에서는 직관을 피하고 가능한 한 냉정하게 판단을 해야 하기 때문이다. 결국 TV에서 주고받은 "모방범이다!" "원조다!"라는 말은 피스에게 불리하게 작용하지 않는다.

피스와 같은 용의자에 대한 실제 수사는 어떻게 이뤄질까?

그렇다면, 피스가 저지른 엽기적인 살인은 모두 무죄가 될까?

소설 〈모방범〉대로라면 그럴 가능성이 있다. 물론 일본의 실제 수사에서라면 그렇게 간단히 넘어가지는 않는다. 소설과 실제는 조금 차이가 있다. 그 차이란 무엇일까? 소설 〈모방범〉에서는 먼저 피스의 별장을 수색한 후 그의 자백을 얻어내려고 하는데 실제로는 순서가 반대이다. 따라서 아지트를 먼저 철저히 수색한 후 묻혀 있던 시체를 찾아내 그것을 바탕으로 피스의 자백을 이끌어내는 것은 잘못된 순서가 된다.

실제 수사에서는 피스를 취조한 후 시체를 묻은 장소를 밝혀낸 뒤 수색을 시작한다. 왜냐하면 이런 순서로 피해자의 시체를 발견하는 것이 '비밀의 폭로'와 연결되기 때문이다. '비밀의 폭로'에 관해서는 앞에서도 언급했다. (5. 〈죄와 벌〉편 참조) 무엇보다 피의자의 자백을 바탕으로 사체를 찾아냈다는 점이 중요하기 때문이다. 그의 아지트에 시체가 매장되어 있으리라는 예측은 할 수 있다. 하지만 수사하는 입장에서 정확히 어느 지점에 어느 깊이로 시체가 매장되었는지는 알기가 힘들다. 그런데 만약 그러한 세밀한 사항을 피의자가 알고 있다면 그가 범인이라는 개연성이 확연해진다. 따라서 피의자가 언급한 지점에서 사체가 발견된다면 그 자체만으로 그가 범인임을 가리키는 유력한 증거가 된다. 나중에 "별장은 동창생 A와 B에게 빌려줬다"며 변명을 해봤자 엎질러진 물일 뿐이다.

그러나 순서가 반대로 되면 허탕을 칠 위험이 있다. 수색 후에 어렵게 자백을 받아내더라도 '비밀의 폭로'가 포함되어 있지 않기 때문에 단순히 자백을 받았다는 수준에 머물게 된다. 설령 '부지 안의 어느 지점에 어느 정도의 깊이로 시체를 묻었다'고 자백을 하 더라도 그것은 수사관들이 이미 수색을 통해 알고 있던 사실일 뿐 이다. 따라서 유도심문을 통해 얻은 자백인지 아닌지 구별하기가 힘들어진다. 후에 용의자가 "유도심문이었다"며 자백을 철회하고 "별장은 동창인 A와 B에게 빌려주었다"고 주장한다면 곤란한 상 황을 맞을 수도 있다. 이 상황 또한 다른 의미의 엎질러진 물이라 할 수 있겠다. 물론 실제 수사에서는 수상한 점이 있어 먼저 수색 을 한다거나 체포와 동시에 수색을 하는 경우도 있다. 하지만 그 것은 평범한 사건일 경우가 많다.

중대한 사건이라면 수사하는 측도 신중을 기해 대처하게 된다. 자백을 받아낼 수 있을 것 같으면 아지트를 수색하기 전에 먼저 용의자를 취조해야 한다. 자백을 얻어내기 힘들 것 같으면 일단 아지트를 수색하되 철저히 조사하지는 않는다. 일단 수색에서 얻 은 작은 증거로 피의자를 체포한 후 시체를 묻은 장소와 같은 중 요한 자백을 받은 뒤 수색하도록 한다. 도저히 '비밀의 폭로'가 될 만한 자백을 받아내지 못했다면 어쩔 수 없이 끝까지 수색을 할 수밖에 없다.

23. 〈악인〉 요시다 슈이치

그다지 악인이라고 생각되지 않는 살인범의 취급

소설 〈악인〉의 주인공처럼

살인범이 생각만큼 악인이 아니라면?

2007년 1월까지 신문에 연재된 요시다 슈이치의 〈악인〉은 살인범의 성장과정, 처지, 잠재심리를 통해 '환경과 범죄'라는 매우 고전적인 테마를 현대적인 배경으로 그려내고 있다.

데이트를 주선하는 온라인 만남 사이트를 통해 두 남녀가 만나게 되는데 우연한 사건을 계기로 둘은 살인자와 피해자가 된다. 살인자가 된 남자는 범행 직후 자신이 진정으로 사랑하는 여자를 만나 함께 도피를 하게 된다. 사실 주인공은 이 여자 또한 만남 사이트를 통해 알게 되었다. 이 소설의 매력 중 하나는 주인공은 물론 등장인물 모두를 마치 살아 숨 쉬는 듯 생생하게 표현한 것이다. 계속해서 도피하는 두 사람은 물론, 경솔한 행동 때문에 주인공에게 살해당한 소녀, 이발소를 운영하며 건실하게 살아가는 피해자 소녀의 아버지, 살인자가 되어버린 주인공을 키워준 할머니, 어릴 적 주인공을 버린 후 접대 일을 하며 겨우 생활하고 있는 엄마 등 이들 다양한 등장인물은 마치 손을 뻗으면 닿을 것처럼 생생하게 소설 속에서 살아 움직이고 있다. 그들 모두 살인이라는 사건을 통해 서로 얽히고설키며 이야기가 진행된다. 마지막에 주인공은 함께 도피 행각을 벌이던 여자의 목을 졸라 두 번째 살인을 저지르려 한다. 하지만 아슬아슬한 순간 경찰이 들이닥쳐 결국 살인미수에 그치고 만다. 주인공의 잠재심리가 농후하게 투영된 이 결말은 스스로를 가해자로, 상대방을 피해자로 설정할 수밖에 없을 정도로 인간관계에 서툰 인간(주인공)의 모습을 잘 표현하고 있다. 마음 속 깊은 곳에서는 사람을 그리워하고 원하지만 표현방법이 서툰 탓에 범죄라는 형태로밖에 나타낼 수 없는 인간의 내면을 너무나도 잘 묘사하고 있다. 독자들은 마지막에 지금까지 나온 주인공의 성장, 처지, 성격, 엄마나 할머니와의 관계 등 모든 것이 이 한 장면으로 압축된다는 것을 느낄 수 있을 것이다. 〈악인〉은 이처럼 진한 여운을 남기며 끝을 맺는다.

실제 재판에서도 흉악한 중대사건의 범인이 생각만큼 〈악인〉이지 않은 경우가 꽤 많다. 그 중에는 심리가 진행됨에 따라 점점 악인이기는커녕 선인이 아닐까 하는 생각까지 갖게 하는 경우도 있다. 그렇다면 소설 〈악인〉과 같은 경우 법적인 관점에서 어떻게 보아야 할지 생각해보자.

불우한 처지나 불행한 가정환경은 재판에서 얼마나 고려될까?

재판에서는 피고인 측에서 '불행한 처지'라거나 '불행한 환경에서 자랐다'라고 강하게 주장하는 경우가 종종 있다.

웹사이트 등에서 이런 문제에 대한 시민의 반응을 살펴보면, '징역이나 사형선고를 받을까봐 자신이 한 행동이 불행한 가정환경 때문이라고 주장하는 걸 보면 정말 싫다'는 의견과 '인간을 선과 악으로 구분하기란 그렇게 단순하지 않다. 태어날 때부터 나쁜 사람은 없다. 좀 더 깊이 생각할 필요가 있다'는 의견으로 나뉜다. 형사재판에는 행위의 책임이라는 것이 있다. 행위책임에 대해서는 앞에서도 조금 언급했지만(3. 〈이방인〉 편 참조) 재판에서는 행위(범죄행위)와 직접적으로 관계가 없는 일은 중요하게 여기지 않는다. 따라서 범인의 불우한 처지나 불행한 가정환경을 중요시하지 않는 것이 기본이다.

하지만 범죄라는 하나의 현상을 놓고 그 일부만을 법률이란 정해진 테두리 안에서 전부 판단하는 것이 과연 괜찮은지 의문을 갖게 마련이다. 환경이나 배경, 사회적인 요인을 전혀 고려하지 않고 인간만을 본다면 너무나도 근시안적인 판결이 되지 않을까 하는 우려도 있다. 그렇다면 이 두 가지를 어떻게 조화시킬 수 있을까? 이를 해결하기 위한 핵심은 '행위책임'에 있다. 행위책임이란 행위나 결과를 중심으로 생각하는 것으로 그 이외의 것을 무시한다는 뜻이 아니다. 다시 말해 행위를 통해 그와 관련된 모든 사항을 살펴본다는 말이다.

예를 들어 주택 정보 중 수도권에서 몇 킬로미터 안에 있는지를 나타내는 지표가 있는데, 그와 비슷하다고 볼 수 있다. 아파트나 주택 정보지에서 도쿄 역을 중심으로 몇 킬로미터 이내라고 표기된 경우를 종종 찾아볼 수 있다. 이 동심원을 사용한 지표를 범죄로 치면 '행위와 결과'는 도쿄 역에 매우 근접하다고 할 수 있다. '범죄의 동기'나 '피해자의 잘못'은 그다음으로 중요하므로 요코하마 지역이나 우라와 지역에 해당한다. '범죄에 이르게 된 경위'나 계기는 범죄의 의미를 명확히 하기 위해 꼭 필요하지만 조금은 먼 가마쿠라 지역이나 가와시마 지역에 위치할 것이다. 피고인의 처지나 가정환경은 더 멀리 아타미 지역이나 우쓰노미야 지역을 넘어선다. 피고인의 성격이나 평소 생활태도가 행위와 확실한 관련성이 있는지는 불확실하지만 범죄행위와 전혀 관계가 없다고 하기도 어려우므로 도카이 지역이나 도호쿠 지역 정도에 해당할 것이다.

행위책임이란 이렇게 도쿄 역을 중심으로 방사선 형태로 산재하는 여러 사항을 고려해 살펴보는 것이다. 이 경우 근거리에 있는 '행위와 결과' 즉, 살해당한 피해자의 숫자나 범행의 계획성, 잔혹성, 집요성, 흉악성 등이 중심이 된다. 물론 그 외의 사항들도 전부 살펴보기는 하나 각 위치에 따라 평가를 하게 된다. 결과적으로 먼 곳에 위치한 사항들은 결론에 그리 큰 영향을 끼치지 않는다고 말할 수 있다. 이를 좀 더 쉽게 이해하기 위해 실제 일어났던 '나가야마 사건'을 살펴보도록 하자. 이 사건은 한 19세 소년이 4명을 살해한 사건으로 판결문에서 사형의 판단기준을 나타내는 것으로 알려져 있다. 일명 '나가야마 기준' 혹은 '나가야마 판결'이라고 불린다.

이 사건의 재판에서는 피고인의 처지나 가정환경에 관해 상세하게 심리가 이뤄졌다. 극도로 궁핍한 피고인의 가정환경이나 피고인이 어릴 때 엄마에게 버림을 받고 길에 버려진 음식을 주워 먹을 정도로 비참한 처지였으며, 부모에게 사랑받은 기억 없이 자랐다는 것이 상세하게 밝혀졌다. 피고인은 사건을 일으킨 뒤 자신을 이해해주는 여성을 만나 수감 중 결혼식을 올리게 된다. 수감 생활을 하며 자신을 되돌아보면서 내면을 글로 써내려가 문학상까지 수상하게 된다. 판결에서는 피고인의 반성하는 태도와 내면의 성장을 크게 평가했다.

하지만 결국은 사형을 선고받았다. 재판에서는 불우한 환경이나 불행한 가정환경이 고려되기는 하나, 결국은 그러한 사항이 어디에 위치했는지에 따라 평가가 달라지기 때문이다. 이렇게 각 사항의 중요도에 따라 판결을 내리는 것이 행위책임의 진정한 모습이라 할 수 있다.

사형 일보직전까지 간 〈악인〉의 주인공

이런 관점으로 소설 〈악인〉의 경우는 어떻게 될지 살펴보자.

우선 행위책임의 중요 포인트인 '행위와 결과'를 통해 범죄의 기본 성격을 다음과 같이 정리할 수 있다.

'피고인은 사소한 일로 화가 치밀어 우발적으로 온라인 만남 사이트에서 만난 여성의 목을 졸라 살해한 후 시체를 절벽 밑에 유기한 후 도망친다. 그 후 또다시 온라인 만남 사이트에서 여성을 꾀어 함께 도피생활을 이어간다. 그러나 또 사소한 일로 여성에게 살의를 느껴 목을 졸라 죽이려고 한다. 두 번째 범행은 피고인의 행방을 뒤쫓던 경찰이 현장을 급습해 다행히 미수에 그친다. 하지만 미수에 그친 것은 우연일 뿐, 경찰이 오지 않았다면 그 여성은 살해당했을 것이다.'

최근 1심, 2심에서 모두 사형판결을 받은 실제 사건이 하나 생각난다. '기후(岐阜)의 두 여성 살해사건'이라 불리는 것이다. 피고인은 범행을 한 번도 저지른 적이 없는 평범한 회사원이다. 어느 날

관계를 맺고 있던 여성과 말다툼을 하던 중 여성이 마시던 맥주 캔을 던지자 화가 난 나머지 분별력을 잃고 여성의 목을 졸라 살해한다. 이 사건이 발각되기 전, 관계를 맺고 있던 또 다른 여성과 말싸움을 하는데 또 충동적으로 여성을 목 졸라 살해하게 된다. 이 사건과 소설 〈악인〉의 경우를 비교해보면 〈악인〉의 주인공은 사형 일보직전 상황까지 갔다는 것을 알 수 있다. 소설 〈악인〉에서 주인공은 피해자로부터 자존심의 상처를 받게 되어 언쟁을 하다 무심결에 첫 번째 살인사건을 일으키고 만다. 기후의 두 여성 살해사건과 같은 경우다. 행위책임을 바탕으로 살펴보면 〈악인〉의 주인공은 정말 아슬아슬하게 사형을 면한다. 물론 사형을 벗어났으므로 어떻게 보면 다행이라고 할 수 있겠지만 무기징역에서는 벗어나기 힘들 것이다.

　물론 이것이 기본적인 구조이지만 최종적인 결론을 내리기 위해서는 그 외에 수많은 것들을 함께 고려해야 한다. 소설 〈악인〉에서는 주인공이 어릴 적 엄마에게 버림받아 페리선착장에 남겨진 것이 어린 마음에 깊은 상처가 된 점, 그 후 조부모에게 길러져 성장한 뒤 목수가 되어 조부모를 모신 점, 말없고 내향적인 성격 탓에 대인관계가 원만하지 않아 친구는커녕 여자 친구도 사귀지 못해 업소를 다닐 수밖에 없던 점, 그로 인해 인터넷 만남 사이트를 이용하기 시작한 것이 사건으로 이어진 점 등이 모두 고려된다. 하지만 결과는 무기징역, 혹 운이 좋다면 유기징역에 처해질 것이다.

재판에 의한 범죄의 사회화란?

지금까지 읽어보니 '그렇게 심리를 했는데도 결론에 적은 영향
밖에 끼치지 않는다니' 혹은 '나가야마 사건처럼 무조건 사형에
처해질 거라면 굳이 심리를 할 필요가 없지 않을까?'라고 생각하
는 사람도 있을 것이다.

그러나 꼭 그렇다고만은 할 수 없다. 가령 결론이 변하지 않는다
해도 불우한 처지나 불행한 가정환경, 그 외의 여러 가지 사정을
살펴본 후 범죄의 전체상을 명확히 파악하는 것은 범죄의 사회화
라는 관점에서 매우 중요하다. 왜 그런 범죄가 일어났는지, 그 범
죄의 배경에는 무엇이 있는지, 그 범죄는 범인에게 심리적으로 어
떤 의미이며 그것이 피해자에게는 어떤 의미인지를 갖고 있는지
를 명확히 해야 한다. 그리고 그것이 사회적으로 어떤 의미인지를
파악하는 것은 시민사회에서 매우 중요한 일이다. 구체적으로 이
러한 일련의 행위는 범죄 피해자(유족)가 마음을 정리하는 데 큰
역할을 한다. 이는 유족이 새로운 출발을 하는 데 도움이 될 것이
다. 물론 범인의 가족에게도 마찬가지다. 하지만 무엇보다도 피고
인이 자신을 성찰하고 자신이 지은 죄를 마주하는 데 큰 역할을
할 것이다.

사형이라는 결론 자체는 변하지 않는다고 해도 단지 〈악인〉으로 사형에 처해지는 것과 새 사람으로 다시 태어나 속죄하는 마음으로 사형을 받아들이는 것에는 큰 차이가 있다. 일본에서는 다시 태어나는 마음으로 죄를 뉘우치고 사형을 당하는 것이야말로 최고의 속죄라고 생각된다. 실제 일본에서는 사형이 확정된 후 집행되기까지 꽤 긴 시간(통상 수년)이 주어진다. 그 기간 동안 종교인에 의한 교화가 이루어지기도 한다. 사형수가 '다시 태어나는 심정으로 목숨을 걸고 속죄하자'라는 마음이 들도록 하기 위해서는 그의 불행했던 과거에 관해 충분한 심리가 이루어져야만 한다. 그리고 모든 사항을 고려했지만 어쩔 수 없이 사형선고를 내릴 수밖에 없다고 결론을 내리는 것이다. 형사재판에는 법질서를 유지하고 억울함을 풀어주는 역할 말고도 범죄의 사회화(범죄사정을 사회적으로 공유)라는 중요한 사명이 있다.

소설 〈악인〉에는 살인자가 된 주인공과, 주인공을 멸시해서 피해자가 된 소녀가 어린 시절 딱 한번 만난 적이 있다는 내용이 나온다. 어린 주인공은 페리선착장에서 엄마에게 버림받은 채 혼자 우두커니 서 있다. 그 곁에 한 여자아이가 아장아장 걸어와 어묵을 내민다. 다음날 아침까지 어린 주인공이 먹은 것이라곤 오직 여자아이에게 받은 어묵뿐이었다. 그 아장아장 걷던 여자아이는 아빠를 따라 우연히 부두에 온 것으로 이 아이가 바로 나중에 주인공에게 살해당하는 피해소녀이다. 이 소설은 마치 하늘에서 모든 것을 바라보고 있는 것 같다. 바라건대 재판에서도 하늘에서 아래를 바라보듯 모든 사항을 다 살펴보아야 할 것이다.

24. 〈1Q84〉 무라카미 하루키
마인드컨트롤에 의한 살인

**1995년에 일어난 지하철 사린 독가스 사건은
'1Q95'인가?**

2009년에 발매된 무라카미 하루키의 〈1Q84〉(1, 2편)는 순수문학
으로는 전례 없는 인기를 끌며 경이적인 매출을 기록했다. 폭발적
인 인기를 업고 각 방면에서 속편에 대한 이야기들이 화제가 되었
으며, 2010년에 3편이 발매되었다.

이것은 초등학교 시절 서로 애틋한 마음을 갖고 있던 두 남녀 동
창생이 서로 다른 길을 걸어가며 어른이 된 후 다시 만나게 되는 이
야기이다. 20년 전 쯤 잠시 같은 학교를 다녔던 여자아이와 남자아
이가 서른 살을 앞두고 있던 1984년에 각자 이차원의 공간을 헤매

며 두렵고도 기묘한 체험을 거듭한 끝에 결국 한 지점에서 만나게 되면서 새로운 출발을 하게 된다는 줄거리다. 카테고리로 말하자면 러브스토리에 속한다고 할 수 있다. 주인공 중 한 명은 스포츠센터에서 개인 트레이너 일을 하고 있는 '아오마메'라는 여자다.

1984년의 어느 날, 여주인공 아오마메는 택시를 타고 가던 중 차가 막혀 속을 태운다. 택시 운전사는 서두르는 아오마메에게 "긴급정차장의 피난계단으로 내려가는 방법이 있다" 며 알려준다. 아오마메는 그 말을 듣고 택시에서 내려 피난계단을 따라서 내려가는데 그때부터 기묘한 이야기의 막이 열린다. 밑으로 내려간 아오마메의 곁을 경찰이 스쳐지나간다. 아오마메는 경찰관의 옷이 지금까지와는 미묘하게 다르다는 것을 눈치 챈다. 그리고 스포츠센터의 회원 중 하나인 갑부 노부인에게서 과격파와 경찰이 대대적으로 충돌한 사건에 관해 듣게 된다. 그러나 아오마메에게는 3년 전에 일어났다는 그 사건이 기억나지 않는다. 또 사정이 있어 잠시 들어간 호텔 방에서는 미국과 소련이 공동으로 달 기지를 만든다는 기묘한 TV 뉴스를 듣게 된다.

의문을 느낀 아오마메는 과거의 신문 등을 조사하던 중 지금 자신이 있는 세계는 미묘하게 다른 또 하나의 세계인 패럴렐 월드(Parallel worlds), 즉 평행하고 있는 세계가 아닐까 하고 생각하게 된다. 그리고는 '1984년'을 〈1Q84〉라고 이름을 붙인다.

〈1Q84〉 안에서 스포츠센터의 회원인 갑부 노부인은 가정폭력을 일삼는 남자나 성 범죄자를 은밀하게 암살하는 암흑 조직의 보스였다. 아오마메는 그 조직에 들어가 남자들을 죽이기 시작한다. 노부인이 자신의 비밀을 모두 털어놓고 가족이 되자는 권유를 했을 때 아오마메는 노부인이 미쳤다고 생각했다. 하지만 고독과 장래에 대한 불안을 떨치기 위해 결국 그 광기를 공유하는 길을 선택한다. 아오마메가 그런 결심을 하자 광기는 사명으로 변했다. 아오마메는 4명의 남자를 살해했다. 그 과정에서 아오마메는 과격한 사이비 종교의 교주와도 관계를 맺게 된다. 그 기분 나쁜 사이비 종교의 교주는 아오마메에게 "여기는 1Q84다"라고 알려준다. 또 다른 주인공은 학원 강사 일을 하며 소설가를 꿈꾸는 대필 작가 '덴고'라는 남자다.

덴고는 대형출판사의 편집자에게 재능을 인정받아 교정 작업과 공모전 원고를 미리 읽는 일을 한다. 그는 어느 10대 소녀가 쓴 신인상 응모작을 읽게 되는데 이로 인해 그를 둘러싼 세계가 미묘하게 바뀌어가기 시작한다.

이 작품을 읽고 덴고는 소녀의 문장이 대체로 서툴긴 해도 내용적으로는 상당히 재미있다고 느껴 편집자에게 추천한다. 편집자는 그 작품을 덴고에게 다시 쓰라고 시키고 소녀에게 신인상을 수여한다. 덴고는 응모작인 '공기번데기'를 다시 써내려가며 무언가가 억누르고 있는 듯한 답답함을 떨쳐버리고 해방된 기분을 맛본다. 그 작품이 신인상을 수상하고 베스트셀러가 되자, 덴고는 자신이 있는 세계가 '공기번데기'의 작품 속 세계와 이어진다고 확신한다. 어느 날 저녁 덴고가 하늘을 올려다보자 거기에 존재할 리 없는 천체가 눈에 들어온다. 이미 세계는 다른 세상으로 변해 있었던 것이다.

소설 〈1Q84〉에는 중심이 되는 아오마메와 덴고의 이야기뿐 아니라 소설 속의 또 다른 소설인 '공기번데기'의 이야기와 그 소설의 작가인 기묘한 미소녀의 이야기, 미소녀를 맡아서 함께 가족처럼 생활하는 '선생님'의 이야기, 아오마메와 가족이 되는 갑부 노부인의 이야기 그리고 아오마메와 관련된 사이비 종교의 교주 이야기 등, 기묘하면서도 아찔한 이미지의 소우주가 계속해서 이어진다. 눈이 번쩍 뜨일 정도로 풍부한 그 이야기의 세계를 읽어나가다 보면 자신이 속해 있는 세상이 이차원의 세계, 또 다른 세계처럼 느껴질 정도다. 3편에서는 아오마메와 덴고의 세계가 점점 가까워지다 결국 둘은 만나게 된다. 그리고 두 사람 앞에 현실세계로 돌아오는 길이 열린다.

이 이야기를 어떻게 읽어야 할지에 대해서는 이미 여러 가지 비평과 해설이 나와 있다. 작가 자신은 작품의 테마에 대해 다음과 같이 말하고 있다. 옴진리교 사건의 재판을 계속 방청하던 중 "범죄성향이 없는 지극히 평범한 인간이 어느 순간 범죄에 연루되어 정신을 차리고 보니 언제 목숨을 빼앗길지 모르는 사형수가 되어 있었다. 그처럼 달 뒤편에서 혼자 남겨진 것 같은 공포의 의미를 몇 년이나 계속해서 생각한 것이 소설의 출발점이었다(작가의 요미우리신문사와의 인터뷰 중)."

지하철 사린 독가스 사건을 일으킨 옴진리교 사건에 연루되어 범죄자가 된 사람들 중 신앙의 길로 들어서기 전까지는 의사나 연구자 등 훌륭한 사회인이자 선량한 시민이었던 사람이 꽤 많았다는 사실은 익히 알려져 있다. 그들에게는 옴진리교에 관계된 시간과 사건이 이차원의 세상, 또 다른 세상에서 일어난 일이었는지도 모르겠다. 실제로 범죄에 가담한 신자가 그렇게까지 된 경위를 살펴보면, 수행에 전념하기 위해 도쿄대 병원의 의사 일을 갑자기 그만두거나 연구를 갑자기 포기하고 대학 관계자와 소식을 끊는 등 마인드컨트롤의 영향이라고밖에 생각할 수 없는 행동을 하는 경우가 있었다.

그렇다면 소설 〈1Q84〉에 포함되어 있는 문제는 법률적인 시점에서 어떻게 이해할 수 있을까? 지하철 사린 독가스 사건이 일어난 1995년은 '1Q95'였던 것일까? 그들이 지금 '달의 뒤편에 혼자 남겨진 의미'란 무엇일까?

종교적 열광과 마인드컨트롤로 일어난 살인을 어떻게 볼 것인가?

왜 살인을 저질러서는 안 되는가? 법에 규정되어 있기 때문이다. 혹은 그렇게 규정해두지 않으면 사회가 혼란스러워질 것이라는 표면적인 이유가 아닌 좀 더 근원적인 이유에 대해 앞서 조금 살펴보았다.(5. 〈죄와 벌〉 편 참조)

사람은 큰일을 타인과 함께하려는 경향이 있다. 타인과 함께 산다는 의미의 공생, 타인과 함께 있다는 의미인 공존이라는 이념에 따른 것이다. 사람이 타인을 자신과 전혀 관계가 없다고 간주하고 자신의 욕망 혹은 자신만의 사고와 이론에 의해 아무렇지 않게 타인을 죽이는 존재가 된다면 그것은 더 이상 용서받을 수 없는 존재라 할 수 있다. 이것이 '그대, 죽이지 말지어다'의 의미이다. 만약 살아 있는 인간을 해치고도 아픔을 느끼지 못한다면 어떨까? 루소는 "자연이 만약 인간에게 공감하는 감정을 주지 않았다면, 설사 이성이 있다고 해도 인간은 몬스터에 불과하다"고 말하고 있다. 전 인류적으로 봤을 때 만약 다른 사회나 민족 사이에 공존의 이념이 조금도 없다면 어떻게 될까? 문명의 충돌과 민족 간의 대립에 의해 인류는 멸망할 수밖에 없을 것이다. 이렇게 보면 아무리 종교에 심취해 마인드컨트롤에 따라 행해진 살인이라고 하더라도 '살아 있는 사람을 해치고도 상대방의 아픔을 느낄 수가 없었다'면 그 사람은 루소가 말하는 '몬스터'로 치부되어도 어쩔 수 없다. 몬스터란 말이 싫다면 '그대, 죽이지 말지어다'의 용서받을 수 없는 존재라고 바꿔 말해도 된다. 그는 이미 '용서할 수 없는 존재'이기 때문이다. 소설 〈1Q84〉의 아오마메처럼 사람을 네 명이나 죽인 경우라면 극형을 면할 수는 없다.

그리고 이것은 이차원 세계나 또 다른 세계에서 현실로 돌아왔다고 해도 변하지 않는다. 즉, 사건을 일으킨 뒤에 공생이나 공존이라는 감각에 눈을 뜨게 되더라도 변하는 일은 없다는 뜻이다. 이미 늦었다. 왜냐하면 사형에는 '몬스터(용서할 수 없는 존재)'를 처형하는 것뿐 아니라 새 사람이 되어 죽는 것이 최고의 속죄라고 생각하는 사고방식이 포함되어 있기 때문이다. 이것이 마인드컨트롤로부터 벗어나 현실 세계로 돌아오더라도 달의 뒤편에 혼자 남겨질 수밖에 없는 법적인 이유다.

사형기준의 근본에는 무엇이 있을까? - 사형판단의 본질을 찾다

소설 〈1Q84〉에서 여주인공 아오마메는 사람을 네 명이나 죽인다고 설정되어 있다. 이 소설은 실제 재판에서의 사형 기준을 너무나도 정확히 인식하고 있다. 사형의 기준으로 '세 명 이상을 살해한 경우는 사형, 두 명을 살해한 경우는 사건에 따라 다르며 한 명을 살해한 경우 원칙적으로 사형이 되지 않는다'는 사실에 관해서는 이미 앞에서도 언급했다.(5. 〈죄와 벌〉 참조, 재판 들여다보기-사형의 기준) 현실에서의 재판에서는 아오마메는 절대 사형을 면하지 못하게 된다. 이야기는 그런 현실 세계의 규칙과 대비하며 진행된다. 그렇다면, 현실세계의 '규정'인 사형기준의 근본에는 무엇이 있을까? 크게 보면 사형의 기준은 '뿌리 깊은 범죄성향'과 '범죄피해'의 두 가지 관점으로 나눌 수 있다. 이 두 가지의 기본 관점을 통해 사형의 기준을 구체적인 척도로 정하는 것이 사형판단이다. 여기서 '범죄피해'란 문자 그대로 얼마나 심각하고 잔인한 피해가 발생했는지를 의미한다. '뿌리 깊은 범죄성향'이란 다음과 같은 것을 가리킨다. 이는 단순한 일반 범죄가 아닌 살인이나 강도 살인과 같은 심각한 범죄성향을 가리키는데, 피고인에게 이런 강력 범죄를 저지를 만한 강한 범죄성향이 있는지를 판단하는 관점을 말한다.

우리 사회는 최소한 나 자신과 아이, 배우자 그리고 친형제 등 우리의 생명을 안전하게 보장해줄 수 있어야만 한다. 그러나 살인이나 강도 살인과 같은 '뿌리 깊은 범죄성향'을 가진 사람은 그런 사회의 모습을 근본적으로 부정하는 것이라 할 수 있다. 안전한 현대 일본사회의 모습을 근본적으로 부정하는 사람이 있다면, 결국 사회도 그 사람의 존재를 부정하게 될 것이다. 실제로 사형판단에서는 이 '뿌리 깊은 범죄성향'에 중점을 둔다.

앞서 한 명을 살해한 경우 예외적으로 사형이 구형되는 경우는 금전을 목적으로 고도의 계획성을 갖고 저지른 범행에 한정되어 있다고 언급했다. 금품 목적과 고도의 계획성이 중시되는 것은 '뿌리 깊은 범죄성향'이라는 관점과 관계가 있기 때문이다. 또 두 명을 살해한 경우, 동일한 기회에 두 명을 죽였는지 다른 기회에 두 명을 죽였는지를 구별한다는 것 또한 설명했다. 이것은 다른 기회에서 두 명을 죽인 경우 범행을 두 번 반복한 것이므로 동시에 두 명을 죽인 것에 비해 그만큼 범죄성향이 강하다고 보는 견해다. 즉, '뿌리 깊은 범죄성향'이라는 관점에서 오는 것이다. 두 가지 관점 중 무엇이 더 중요한지를 떠나 사형판단의 기준에는 '뿌리 깊은 범죄성향'과 '범죄피해'라는 두 개의 주요관점이 있으며, 사형기준 자체가 이것들을 바탕으로 만들어진 것임을 잘 알아둬야 한다.

소설 〈1Q84〉의 아오마메처럼 사람을 세 명 이상 살해했다면 어느 관점에서 보더라도 사형을 피할 수 없다는 것을 쉽게 알 수 있다. 아오마메는 가정폭력을 휘두르는 남성과 성 범죄자를 '쥐새끼'라고 부르며 살해하고, '우리들은 잘못 한 것이 아무것도 없다'며 양심의 가책조차 느끼지도 않는다. 이렇게 되면 안전한 사회라고 하는 일본사회의 근본이 서지 않는다. 또한 그 '쥐새끼' 같은 남자들에게도 형제나 아이가 있을 수 있다. 결국 아오마메에 의한 범죄피해는 이와 같은 많은 사람들에게 돌이킬 수 없는 상처를 줄수 있다는 점 또한 생각해보아야만 한다.

목숨을 빼앗는 사형이 허용되는 이유

마지막으로 사람 목숨을 빼앗는 사형이라는 처벌을 허용할 수 있는지, 허용할 수 있다면 그 이유는 무엇인지 간단하게 살펴보자.

　사람의 목숨을 빼앗는다는 점에서 사형은 살인과 똑같다. 때문에 어떤 경우에도 사형은 허용할 수 없다고 생각하는 사람도 있을 것이다.(사형 폐지론) 그러나 인명존중의 관점에서 보자면 그것만이 유일한 결론이라고 할 수도 없다. 수많은 사람의 목숨을 빼앗은 사람이 있는데, 그 사람의 목숨만을 존중하는 것은 모순이라고 생각할 수도 있기 때문이다. 오히려 인명존중의 이념이 희박해지는 것이 아닐까라고 생각하는 사람도 있을 것이다. 이것은 다음의 예와 비슷할지도 모르겠다. 예를 들어 테러범이 시민 두 명을 칼로 위협하며 인질로 잡고 정부 측 사람 한 명(예를 들어 정부에 협력하고 있는 전 테러범, 즉 배신자)을 죽이라고 요구한다. 그리고 '요구에 응하지 않으면 인질로 잡은 두 명의 목숨은 없다'고 협박한다고 치자. 이 경우 요구에 응한다면 한 명의 목숨은 더 살릴 수 있으나 그렇다고 해서 테러범의 말을 그대로 따르는 것을 좋은 일이라고 할 수는 없다. 인명존중의 관점에서 보자면 오히려 무슨 일이 있어도 그 요구에 절대로 응해서는 안 된다. 설사 눈앞에서 인질 두 명의 목이 날아간다고 해도 그렇게 할 수는 없다. 여기에서 보다 중요한 것은 사람의 목숨을 보전하는 행위 자체가 아닌, 인명중시라는 하나의 가치관이다. 그러므로 인명존중이라는 이념으로 본다면 사형을 허용할 수 있다고 생각할 수도 있다. 제2차 세계대전 후, 폴란드의 아우슈비츠 수용소와 독일의 다하우 수용소 등에서 홀로코스트(유대인 대학살)를 지휘한 나치의 군인들이 처벌되었다. 이들의 사형은 인명존중의 관점에서 필요한 것이었다고 해도 결코 모순이 되지 않을 것이다.

즉, 사형이라는 형벌을 허용할지 말지는 논리적으로나 필연적으로 결정할 수 있는 것이 아니라 인명(잃어버린 목숨도 포함해서)에 대한 우리의 생각이나 판단에 의해 결정되는 것이다. 그것을 선택하는 것은 국민에게 달렸으므로 결국 시민이 어떤 결단을 내릴지에 따라 달라진다고 할 수 있다.

맺음말

　이 책은 사람들이 가벼운 마음으로 형사재판에 대해 이해할 수 있도록 쓴 책이다. 책을 다 읽고 난 후 형사재판이 조금이나마 친숙하게 느껴지기를 바란다. 조금 딱딱한 이야기이지만 여기서는 실제 재판의 절차에 관해 살펴보도록 하겠다. 배심원 제도는 시민이 판사와 함께 살인사건과 같이 형사사건 중에서도 특히 중대한 사건을 판결하는 시스템이다. 배심원이 되면 유죄나 무죄는 물론 형량을 정하는 데 판사와 똑같은 권한을 가질 수 있게 된다. 또한 사형을 구형할 것인지를 결정할 수 있게 된다. 배심원과 판사의 숫자는 한 사건 당 배심원 여섯 명과 판사 세 명으로 이루어진다.

최종적인 결론은 다수결로 결정되므로 '시민' 대 '직업판사'란 관점으로 보자면 시민이 압도적으로 우위를 차지하고 있다고 할 수 있다. 즉, 이 제도는 시민이 재판에 참여만 하는 것이 아니라 재판의 주역이 되는 것이라고 할 수 있다.

그렇다면 배심원으로서 법정에 들어서는 순간부터 차근히 살펴보자.

① 입정 – 입정 후 앞을 보고 인사 한 뒤 착석

② 개정(판사) – '개정하겠습니다.'

③ 본인 여부 확인(판사) – 주소, 이름 등이 본인이 맞는지 피고인에 확인

④ 기소장 낭독(검사) – 피고인의 범행과 죄를 간략하게 낭독

⑤ 권리의 고지(판사) – 피고인에게 묵비권 등을 설명

⑥ 죄상의 인정과 부인(피고인) – '기억나지 않습니다.' '제가 했습니다.' 등

⑦ 변호사의 의견(변호사) – '범인성을 가린다.' '사실관계를 가리지는 않는다.' 등

⑧ 검사의 모두 진술 – 시간과 범행의 개요를 기술한 것

⑨ 변호사의 모두 진술 – 변호인 주장의 개요를 기술한 것

⑩ 증거물, 조서의 조사 – 검사가 증거물을 제출, 조서낭독

⑪ 중인 심문

⑫ 피고인 심문

여기서 ①~③은 도입부분, ④~⑨는 본건이 어떠한 사건으로 검찰 측과 변호인 측이 각각 어떤 견해를 갖고 있는지, 무엇이 법률적으로 문제가 되는지 등에 관한 것이다.

⑥의 죄상의 인정과 부인에서 예를 들어 써놓은 '기억나지 않습니다'는 본서에 나온 〈도망자〉의 리처드 킴블의 경우이고, '제가 했습니다'는 라스콜리니코프의 경우이다.

만약 이것이 〈이방인〉의 뫼르소의 경우라면 '아랍인이 먼저 비수를 꺼내들었다.' '그래서 방어하기 위해 생각 없이 총을 쏴버렸다'라고 말할 것이다. 〈격돌!〉의 주인공인 데이비드는 최종적으로 정당방위 혹은 과잉방위가 인정될지 어떨지는 모른다. 하지만 그 또한 '거대한 탱크로리에 쫓겨 다녔다.' '그래서 방어하기 위해 차를 격돌시킨 것이다…' 이처럼 뫼르소와 비슷한 내용을 주장할 것이다. 그리고 책임능력을 가리는 죄상의 인정과 거부도 있다. 이것은 〈양들의 침묵〉의 렉터 박사나 버팔로 빌에 해당되는데 일반인의 상식으로는 이해할 수 없는 것들에 관해 말할 것이다. 이 경우 변호사는 '책임능력이 없으므로 무죄가 된다'고 주장할 것이다. (이것은 ⑦변호인 의견에 해당된다.)

그렇다면 '모두 진술'에 관해 살펴보자. ⑧검사의 모두 진술은 〈이방인〉의 뫼르소 경우라면, '뫼르소는 죽일 작정으로 해변으로 가서 아랍인을 총으로 쐈다'가 될 것이다. 이에 대한 ⑨변호사의 모두 진술은 '뫼르소가 우연히 해변에 갔는데 거기 우연히 아랍인이 있었고 그가 비수를 뽑았기 때문에 방어를 하기 위해 총을 쏘았다'가 된다. 〈포스트맨은 벨을 두 번 울린다〉의 프랑크의 경우라면 벨을 두 번 울렸는지 아닌지에 대해 검사의 모두 진술은 '첫 번째 사고와 두 번째 사고 모두 교통사고를 위장한 살인이다'라고 할 것이고, 변호사의 모두 진술은 '첫 번째 사고는 교통사고를 위장한 살인이었지만 두 번째 사고는 우연히 일어난 진짜 사고다'라고 할 것이다.

배심원은 ⑨변호사의 모두 진술이 끝날 때까지 사건의 전체 상황과 쟁점을 파악할 수 있어야만 한다. 그리고 그 뒤 가장 중요한 '증거 조사'에 들어간다. 이것은 앞에 나온 ⑩과 ⑪에 해당한다. 여기서 가장 격렬한 쟁점이 되는 것은 〈언터처블〉에 나온 '자백의 강요' 문제이다. 검사가 자백조서를 증거로 제출하려고 하자, 카포네의 변호사는 '자백은 강요된 것으로 임의성이 없다'고 말하며 증거에서 배제하라고 강력히 요청했다. 그 결과 법원은 엘리엇 네스를 증인으로 불러 어떤 식으로 수사를 했는지 취조한다.

　이상의 일정은 시간적으로 ⑨의 모두 진술까지 30분 정도면 끝이 난다. 그 후 대부분의 시간은 ⑩ 이하의 증거 조사에 할애된다. 그리고 둘째 날, 셋째 날도 ⑪증인 심문이 이어진다.

　마지막에는 이른바 '특별 편'으로 피고인의 변명을 들어보는 ⑫ 피고인 질문이 이루어진다. 만약 〈젊은이의 양지〉의 주인공이라면 '보트를 전복시키기 전에 사고가 일어났다'는 미묘하면서도 교묘한 변명을 늘어놓을 것이다. 〈개선문〉의 라비크라면 자신이 살인을 저지를 수밖에 없었던 이유는 옛 연인의 복수를 위해서였다고 구구절절 토로할 것이다. 〈이방인〉의 주인공 뫼르소는 이 중요한 '피고인 질문'에 대한 대답이 바로 '태양 때문에…'였다.

　이상으로 심리의 중요한 부분은 끝난다. 다음은 검사가 정리한 '논고, 구형'에 이어 변호사가 정리한 '변론'이 이어진다. 그리고 드디어 판사와 배심원이 최종적으로 결론을 내리게 된다.

　말하는 김에 판결 전의 절차에 대해서도 알아보자. 즉, 수사단계의 과정에 관한 것이다. 피의자가 체포되면 체포의 효력으로 2일간 경찰에 유치된다. 한 마디로 '유치장행'이다. 경찰 쪽에서 피의자를 더 구속시키고 싶다면 이 이틀 동안 사건을 검찰에 보내고(검찰송치), 검사는 법원에 구류청구라는 절차를 밟아야 한다. 사건을 받은 검사는 그 후 1일 안에 법원에 구류청구를 한다. 법원으로부터 구류해도 괜찮다는 허가를 받으면(구류의 재판) 계속해서 수감할 수 있게 되지만 구류기간은 최장 20일을 넘기지 않는다. 이 기간이 끝날 때까지 검찰은 피의자의 기소 여부를 결정해야 한다. 기소하지 않을 경우 석방해야만 하기 때문이다.

즉, 체포나 구류를 통해 최장 23일 안에 수사하는 측은 모든 증거를 모아 관계된 사람 모두를 취조해야만 한다. 이는 라스콜리니코프처럼 죄를 인정하고 스스로 오랏줄을 받겠다면 문제가 없겠지만, 〈젊은이의 양지〉의 주인공이나 〈태양은 가득히〉의 리플리처럼 완강한 저항이 예상되는 피의자도 있다. 따라서 시간적으로 그리 넉넉하다고만은 할 수 없다.

기소당한 후 피고인은 어떻게 될까? 기소의 효력으로서 또 다시 구속된다.(기소 후 구류) 그러나 (1)더 이상 취조에 응하지 않는다, (2)보석이 가능해진다는 두 가지 점이 크게 다르다. 또 피의자는 기소당한 후 피고인으로 호칭이 바뀌게 된다. 보석이란 보석보증금을 내고 돌아오는 공판기일에는 틀림없이 출두하겠다고 맹세한 후 풀려나는 것을 말한다. 결국 무엇이든 돈이면 다 해결된다는 말이다. 그렇지만 재판은 돈으로 전부 해결되지는 않는다. 살인과 같은 중범죄의 경우는 보석 자체가 거의 인정되지 않기 때문이다.

본문에 나온 이야기 중 조금이나마 보석의 가능성이 있는 경우는 〈용의자 X의 헌신〉에 나온 딸의 엄마 정도이다. 〈용의자 X의 헌신〉에 이런 장면이 나온다면 다음과 같을 것이다. 보석을 위해서는 보석보증금으로 100만 엔이나 200만 엔은 필요하다. 수학교사 X라면 긴 독신생활 탓에 돈을 쓸 곳이 없어 틀림없이 저금해두었을 것이다. 모아둔 현금이 있다면 '기다려봐!'라며 꺼내줄지도 모른다. 만약 은행에 저축해두었다면 당장 예금을 찾아 돈다발을 들고 법원에 달려가 '내가 왔어…'라고 말할 것이다.

이야기가 잠시 샛길로 빠진 것 같다. 어쨌든 요점은 독자들이 명작문학이나 명작영화를 즐기듯이 이 책을 읽어주었으면 좋겠다는 말이다. 그리고 앞에 서술한 형사재판의 절차와 흐름을 다시 한번 이 책에 나온 각 장과 비교해본다면 더 이상 기쁜 일이 있을 수 없다.

모리 호노오

당신의 판결은

1쇄 인쇄 2011년 10월 13일
1쇄 발행 2011년 10월 25일

지은이 모리 호노오 · **옮긴이** 조마리아
펴낸곳 도서출판 **말글빛냄** · **인쇄** 삼화인쇄(주)
펴낸이 박승규 · **마케팅** 최윤석 · **디자인** 진미나
주소 서울시 마포구 서교동 463-3 성화빌딩 5층
전화 325-5051 · **팩스** 325-5771 · **홈페이지** www.wordsbook.co.kr
등록 2004년 3월 12일 제313-2004-000062호
ISBN 978-89-92114-73-8 03360
가격 12,000원